U0045533

# 時代之書

《文訊》40本年選書評 *1983 ~ 2022*

鴻鴻——主編

〈主編序〉

# 時代的眼界

## 《文訊》四十週年與書評的《時代之書》

◆鴻鴻

《文訊》創刊於一九八三年，成為迄今唯一一本長期關注出版與文壇的刊物，也提供版面和無數心力，挖掘資深文人的記憶、記錄各個資深出版社的篳路藍縷，並計畫性促成不同世代的作家對話，可以說化被動為主動，介入並創造了文學史。還有長達二十多年的每月新書簡介，由專人撰寫提要，成為研究不可或缺的珍貴史料（現已轉為線上，把紙本篇幅讓予更多深度專輯）。創刊開始由應鳳凰回顧五〇年代出版社，一一做傳，九〇年代繼續爬梳，除了應鳳凰出版專書外，《文訊》亦結集《出版社30家》、《出版社18家》兩大本專書，共五十餘萬字，每個出版社都有將近萬餘字的介紹，也都動用出版工作者與跑出版線的優秀記者，已經成爲臺灣出版史的重要材料。翻開每期雜誌，書評只是其中一環，所占篇幅不巨，但穩定耕耘下來，四十年也累積了驚人豐碩的成果。

《文訊》從創刊伊始卽設置書評專欄，尤其在耕耘十載的《書評書目》（一九七二—一九八一）停刊後，《文訊》毅然承接起這項重任，不但每期皆有書評專欄，而且不時以專輯或專文報導的方式，探討書評生態。在二〇〇五年「書評觀察」的專題前，封德屏總編輯卽明確指出，書評在針對出版物進行價値評議外，「更應該介於圖書出版和圖書消費之間，以文化輿論的方式，對出版活動產生調節作用，並發揮對作者的激勵以及對讀者的引導功能。」也就是說，書評在品評良莠之餘，最重要的完備了「作者—出版—讀者—評論」這條生態鏈，並試圖對前三者產生良性影響，並擴大出版的社會效應。

一九八〇年代中期，報紙媒體開始有了書評專版，包括《中國時報》「開卷」、《聯合報》「讀書人」、《中央日報》「中央閱讀」、《自立早報》「讀書生活」等，以其周期短、發行量大，而且輔以年度好書評選，拓展了書評的影響力。其中賡續最久的是《中國時報》的「開卷」版。「開卷」於二〇一六年停刊後，離開「旺旺中時」的編輯群在網路上以「Openbook閱讀誌」另闢戰場。而《自由時報》副刊也長期以一日一短評「愛讀書」的方式回應海量出版品。

《文訊》則路遙知馬力，從早年編輯選書約稿，一九九五年設立「書品五人集」，建立分類選書評書的專業系統，並不斷邀約各方好手參與，調節更替。其中有勤懇追隨出版動態的學者，有樂於分享閱讀喜好的作家，展現了多樣化的視角。持續書寫、大量耕耘者，早期有葉石濤、鍾肇政、彭瑞金、呂正惠、尼洛、林央敏、白靈、郭明福，中期有林燿德、李潼、羅葉、簡政珍、洪淑苓、郝譽翔、鴻鴻，晚近則有老將袁瓊瓊、須文蔚及新生代作家童偉格、黃建宏、朱嘉漢、蔣亞妮等；有張瑞芬與黃錦珠則是橫跨不同時期，筆耕至勤的評論家，也有重量級的學者如王德威、蔡源煌、李奭學、廖咸浩等不時加入。評論領域雖以文學為主，也有如林文淇、高大威等提供藝術性的、社會學的不同視野。在文學史上，我們可以從宏觀的眼光看待作家的總體成就，並從而定位其不同時期的作品。然而書評最大的考驗，便是在每本書問世之際，便賦予當下的評價；有些見解與時俱遷，有些卻歷久彌新。從這些書評中，可以看到某些燦爛的煙火，也可以見證某些宏偉建築的第一塊地基。

因為受命遴選每年一篇書評，成就一本《時代之書》，我有機會總覽四十年來兩千多篇評論，猶如進入歷史現場的沉浸式實境。選擇似易實難。可以全挑重量級的經典（這可一點也不難），但問題有二：其一是，重量級著作未必有幸能第一時間得到分量相稱的評論。尤其早年書評專業觀念尚未定型，不少評論者以親友團的口吻登場，在評論中大敘與作者的交誼，雖然也具有參考價值，卻難以視爲嚴謹評價。也有衆多評論其實形同書介（某一時期欄目果然就叫作「書評書介」），小說則止於書寫情節摘要，詩集則充滿佳句摘抄和主題綜述。能夠見木又見林，把一本新著比對作者風格脈絡、進行文類考察、甚至拉出文學史座標、彰顯時代意義者，並非篇篇能做到。有時不免宥於時代風尙，對某些性別、政治議題，發抒令人失笑的偏見。作爲一本「時代之書」，不是不能存時代的偏見之眞，但因爲「一年一書」的配額限制，篇幅寶貴，恐怕還是只能請它們讓位。一流原著有時只有三流評論，有時反之，權衡之下，仍須以評家的筆力、眼界爲最後出線的標準，畢竟這是一本評論集。

問題之二接踵而至：如果一年有超過一本原著與評論皆美的文章時，該如何選擇？尤其如果文類、主題、風格殊異，而各自皆極具意義的話？這時只能靠其他檢選標準來輔助。考量到全書最好具備各方面的代表性，包括原著文類、主題、世代、區域的考量，以及書評作者本人的分量。有多支長期耕耘的健筆，重要著作與議題無役不與；也有驚鴻一瞥的名家，與原作者隔空御劍過招，留下令人讚嘆的光影。限於篇幅，仍有多篇重要評論無法選進書中，讀者可逕赴線上「臺灣文學知識庫·文訊」求索。出爐的名單，自然是掛一漏萬，但希望至少能兼顧廣度與深度。

以一九八三年選出的第一篇書評，張雪映詩集《同土地一樣膚色》為例。張雪映為一九八〇年代「陽光小集」社長，曾經十分活躍，李豐楙教授的評論除了細膩的文本考察，也指出他突破了政治的禁忌，寫出農民的眞實心聲，並期許這本書「只是張雪映創作生涯的開始，只是臺灣新詩潮的第一波。」然而未幾詩人卽被列入黑名單而流亡海外，多年後返國從事政治運動，創作生涯並未發芽開花，就此消失在臺灣新詩史。然而這本詩集曾引起的矚目，卻在這篇書評中留下鮮明的印記。書評有別於文學史、以及勝出文學史之處，往往就在論者與作者、讀者間的種種商榷、提問、指教、期許，「現在進行式」的時態和語調，帶給作品更多衍繹的可能。

而最後一篇二〇二二年所涉的簡莉穎劇本集，則展現了這個冷門文類在當下的巨大能量，以及一位優秀劇作家在議題與視野上的開創性。可以說見證了一九八〇年代風起雲湧的現代劇場運動，歷經四十年的發展積累後，在文學與藝術上的耀眼收成。這篇評論，也剛好可以成為《文訊》四十年的紀念。

最後選出三十四家的四十篇評論，書寫對象計有十八本小說（包括三部以小說為主的選集）、七本詩集、六本散文／報導文學、六本評論、二部戲劇（包括一部劇本集和一部戲劇史）、以及一冊繪本，當然其中不乏跨文類的作品。主題涉及原住民文學、客語文學、臺語文學、歷史、政治、武俠、科幻、生態、性別、同志、勞工、電影、音樂……，合而觀之，反映的是四十年來臺灣的文學及藝術、文化、社會史。前提以在臺灣首版的出版物爲主，外文翻譯書及中國作家的著作遂不與焉——即使一九九〇年代起，《文訊》扮演了兩岸文化交流的重要角色。同時香港及海外華文作家則經常在臺灣首版，並早已成爲臺灣文學的一部分，所以仍一視同仁地納入考量名單。

既是以今日眼光重讀這些篇章，難免後見之明。昔日的另類，往往成爲後來的主流，因而當年能有另眼相看，格外不易。例如一九八七年彭瑞金評論拓拔斯．塔瑪匹瑪小說集《最後的獵人》，即梳理了從張深切、鍾肇政等漢人書寫的原住民題材，到原民作家如排灣族的陳英雄的脈絡，指出他們都沒能脫離漢文化的價值觀，從而凸顯拓拔斯．塔瑪匹瑪的拓荒意義；更橫手一指寫實主義風潮下的作家擔負過重社會使命，急於寫作自己不熟悉的農工題材，矯枉過正，「徒然暴露了文學的無力感」。及至二〇〇三年孫大川編選七大卷《台灣原住民族漢語文學選集》，原民文學的題材及角度多元豐盛，已經蔚然成林。

又如一九八〇年代之初，白先勇《孽子》和馬森《夜遊》引起討論時，論者承認同性戀題材讀來「難免覺得有點尷尬」，還必須拿佛洛伊德來分析同性戀者「自憐自戀」的成因，而出來聲援同性戀無涉人格尊卑、品德高下的論者，也不能不帶上一筆，指出同性戀行爲是「性別認同的一種錯誤」。二〇一七年，紀大偉《同志文學史》堂堂出版，書中特別標舉解嚴對同志文學「出櫃」的重要意義。同樣地，我們也可以從本書中見出，解嚴後藝術文化百花齊放——政治小說、流行歌曲、性別空間的討論紛紛出爐，二二八與白色恐怖歷史的書寫，地方誌書寫興盛的同時，香港及馬華文學則以其異質性與同感度贏得關注——尤其香港雨傘與反送中運動後，「國安法」施行導致作家紛紛流亡，從這裡也可以管窺一九八〇年代的兩地影壇密切互動後，九〇年代起文壇與出版往來影響的深刻軌跡；而從一九八〇年代「新現代詩的起點」到新世紀的「告別好詩」，現代詩的「再白話」運動也歷歷在目。

有些「評論的評論」，則可以見到某些論戰及風潮的遺跡。例如一九八六年王德威評詹宏志，就可窺見當年《龍應台評小說》及詹宏志《兩種文學心靈》的旋風。王德威對詹筆下「末世審判式的視景」的商榷，回應以「眾聲喧嘩」的史觀，揭示了兩位同代人對「中原／主流vs.臺灣／邊緣」對照系統的辯證。又如二〇一三年胡長松對林央敏《臺語小說史及作品總評》的再評論，慧眼指出作者「傳奇式情節的隱喻筆法」，有種把評論當史詩小說寫的企圖，見證建構臺語文學的艱辛。這些波瀾與心路，具體而微地留存在書評中，以今日眼光看來更具前瞻意義。

書評既是出版產業的一環，在茫茫書海中幫讀者預讀、篩選新書，也可以擴大書的影響力，借力使力、鼓動風潮，成爲當代文化論述的先鋒，進而見證歷史、指引未來。

在這層意義上，論述衆多「時代之書」的文章，也可以成爲一本「時代之書」。當然我們也期許《文訊》，以及未來的臺北文學館，能夠把這項使命堅持下去。

# 目次

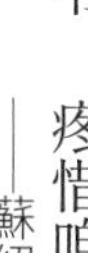

# 土地之夢的失落

## 評介張雪映詩集《同土地一樣膚色》

◆李豐楙

同土地一樣膚色
張雪映・著
前衛出版社
1983年11月

「陽光小集」開始集結一些新生代的詩人，形成一支年輕而富有朝氣的力量時，正是臺灣的詩壇面臨轉變的時期：從民國六十年以後，一連串的批評與自省，逼使詩人需要重新調整創作的方向。因此，新的詩社及刊物都在不同程度上對前此的詩風加以檢討，並逐漸確立一種新的風格。張雪映為陽光小集的同仁，正是轉型期間出現的新詩人之一，最近他整理多年來的創作，成為詩集《同土地一樣膚色》。出版一冊詩集，對他本人所具有的意義，是在歷經一段心血專注的歲月之後，終於有了一種實質的收穫。但就關心現代詩史者的感覺，我們應該將這冊詩集置於一較寬廣的視野裡，審視它所代表的意義，這是本文的重要著眼點。

臺灣詩壇在歷經外來的現代主義的衝激之後，逐漸冷靜，努力尋找一種適合這一時代這一地域的現代中國詩的方向。其轉變的大趨向就是創作素材的現實化、鄉土化；而在語言符號，則調整為一種較為明朗的簡練、純淨的口語。陽光小集出現之後，以其蓬勃的活力從事現代詩的推廣活動，配合其精美的詩刊，他們從事多元化的運動：包括漫畫的批評方式、總結詩壇成績的每季評估，以及促銷現代詩而與現代民歌配合的發表晚會。張雪映熱心參與散布陽光的活動，同時也在年輕伙伴的激勵中持續其文學事業。他既採介入的方式參加詩人的這一行業，因此，他非屬孤峰頂上的孤獨國人，也非錮於石室之中的現代沉思者，而是從這片土地中成長，經歷風雨飄搖，渴望見到陽光的年輕的生命。

張雪映雖貼著「陽光」的標幟，但其詩集中卻充滿著陰晦的意象，了解這種情況是深入雪映世界的一道鑰匙。他非常真實地反映他自己的土地、自己的天空。不過，這並不是說他透過作品只反映出小我的感受，而是將小我置於這一時代這一地域之中，表現出一種普遍經驗，是大我的感受。不管是第六輯「隨著風雨飄送」，在自敍的筆調中能反映出時代轉型期的一種深沉的悲調；而其他各輯更探索國家的處境、文化的傳承，以及時代的轉變。這是新一代的中國人的感覺——一個被諄諄告誡是中國人，但卻只能生存於中國的一小部分土地的新中國人的時代悲情。

當現代詩壇正在實驗各色各樣的現代主義的技巧時，張雪映還沒來得及涉入這片詩人所構造的密碼世界。因此，他輕易地跳開這些不必要的試誤階段，而能直接使用一種較為健康的中國的語言，這是新生代詩人的幸運之處。但重要的不應只是這種由時勢潮流所帶來的機運，而是作為一個詩人的應有本能——就是要能清醒地掌握一種適宜於自己的語言。張雪映的語言非屬典雅、富麗的古典詩語的轉化，更非屬現代詩語的晦澀、費解的符咒式語言的亞流，而是一種較為接近口語，但已被精練化而不致過度鬆散的淺白語言。這種較為瘦硬的語言與他所要表達的題材取得某種程度的和諧感，使其創作獲得初步的成功。

張雪映既然選擇、鑄造一種較為平實而穩健的語言，在感覺上就不像施善繼或吳晟——這兩位在臺灣詩壇極具有語言的自覺的傑出詩人，各以其接近生活的語言恰切地表達現代生活的真實感。張雪映所使用的口語已經過某種程度的約制，這樣的運用原則，也就是這種創作觀，乃基於其人生觀、社會觀的具體表現。使他對於各種問題的探索、對於各種生活的逼近、對於生命的本質，不採用生活語言直接暴露的批判的方式，而是透過一種象徵手法，較為保持距離感的呈現形式。當然，在其他具有自敍傳性質的作品，則採用敍述性的表達，而不完全採用象徵。

由於三十年來政治局勢的轉變，臺灣的詩壇執掌風騷的局面自也隨之轉變：隨著政府來臺的詩人滯留三十年，已紛紛老矣；而新生代的詩人出生、成長，當然是詩壇的中堅。這是非常特殊的一代：他們生長於未經砲火的土地上，幾乎是不認識戰爭——戰爭只是一種意念，經由前行代傳播到新一代，可說是標準的透過知識認識戰爭的一代，戰爭只是紙上的煙火。他們生長於未曾踐過履過白山黑水等廣大中國的時代裡，幾乎只是一半認識中國——中國也只是一種意念，經由文獻、圖片等傳播給新一代，他們心目中的錦繡河山，只是紙上的山河。而他們所賴於孕育的土地就是「臺灣寶島」，這一個島飄搖於風雨中，由農業社會逐漸轉變為工業社會。轉型期的臺灣，年老的守著最後的家園，年輕的「我正整裝，要北上謀職」。張雪映正是成千上萬的新生代中的一個：對於中國、對於臺灣，具有不同於前行代的感覺，而這些正是他所要在詩中表達的。

詩集的名稱《同土地一樣膚色》，雖然好像是截取第三輯中〈同土地一樣膚色的我〉，其實是具有涵括整部詩集的象徵意義的。土地是張雪映詩集中所圍繞的一個主題，其陰晦的意象的形成，即基於土地之夢的失落。本質上，張雪映應該具有根深柢固的農民性格——或者應該說是具有機會繼承農民傳統的性格。假如在農業社會，土地足夠提供賴以生存的條件，那麼就像〈曲折的溪流〉中愛喝酒、講道理的父親道出千百遍的：

> 濁水溪哺育著島上的人民
> 而土地是我們鄉下人的命根子

農民與土地原本具有相互依存的鎖鏈，在農業社會，土地原具有宗教般的神聖性，一代一代的大地子民傳承土地的耕作方式，也具有儀式性的莊嚴意義。但這條鎖鏈卻為時代的洪流所衝決：包括自然的災難、人為的失策，以及資本主義社會所帶給農村的破壞力。因此，原本應固著於土地的新生代失去了土地之夢。張雪映置於第六輯中的三篇，即是「隨著風雨飄送」的對土地的懷舊情緒。尤其〈風雨飄搖我家門〉更具有自敍其心路歷程的感傷，將之置於詩集之末具有古人自敍傳的作用。

詩中為失敗感所纏繞的父親形象，「昔日在城裡奔波挫敗」，變成「夜夜，一言不語的父親／總是以燒酒抵抗母親的嘆息」（〈風雨飄搖我家門〉）；而母親——一種傳統社會中永恆的女性——「母親，靜默地蹲在淒清、陰暗的灶前／為酒後的父親燃燒一盆／暖暖的洗澡水」（〈曲折的溪流〉），這是時代轉變中投射到農民身上的陰影，工業化、資本主義化的光采並未照亮「古老的磚土院落」。張雪映不是社會學家，因此並不理性地分析父親為何「在生計一蹶不振」，而只是形象地表達風雨飄搖中的家門。事實是在社會轉型期，農民被有形無形地逼出土地，幾乎是命定的命運：結果「在父親賣掉了所有的田地之後／因為風調雨順有了一次風暴的遭遇／全家大小只好靠著勞力／慢慢償還我們無力又無助的負債／因為喪失了地契，不再有祖傳的田地」，失去了祖傳的田地，對於根深柢固地具有農民意識的中國人，成為移離於土地之外的流浪者，那種淒涼的感受，在詩人筆下有深刻的表白：

流散在四處無依的市區
店員、學徒，我們眾多的兄姐
在鄉間簡單的結束了學業之後

就遠離了不濟的家門
一一出外各自討取生活
隨著風雨，又步入一程
遙遠的艱苦路途

張雪映一再提及那源自父母的性格——「小小的我，懷著母親的憂懼／也來到了世事煩雜而無人問津的城市」、「我懷著母親宿命的憂懼／和父親粗俗而憤懣難言的性情／來到陰晦和炎熱起落的城市」。這是一種類似剪斷臍帶的對於土地的懷念，與面對另一相對於故園的都市的憂懼。所以詩集中的土地之夢是一種基型，為農民潛意識中對於母性大地的原型意象。

基於這種故園—都市的基型，詩集中其他五輯所處理的經驗約有兩大類：其一為離開土地的農民之子。進入那代表資本社會、工業化的都市的茫然經驗——誠如詩人所自白的「我空茫地立在市街的天橋」（〈風雨飄搖我家門〉），其基調依然是以一失去了土地的幻滅感的農民的觀點，對於都市生活顯現萬般的無奈，以及為了生活下去所培養的韌性。其二則將土地之夢類比、延伸，對於家國、文化等大土地，造成一種近於夢幻式的神話基型。雖則它是一種遙遠的夢，但由於三十年來的歷史教育，風雨飄搖我家國已然成為一種象徵。所以基本上張雪映是以農民意識來觀照世界。

相對於家園，城市的意象是陰晦、炎熱，對於這些經驗大多出現於第四輯「到處蹓躂呻吟或狂吠」、第五輯「如此我們活下去」——兩個標題是極為顯豁而刺眼的，作者有意將這些刻骨銘心的經驗透過隱喻的或直敘的方式加以控訴。當工業化社會開始形成，游離於土地的農民蜂擁向象徵進步的城市，這些遊民、遊士浪盪在城市的陰晦氣氛裡，自然會產生一種新的文學——藉以記錄由農業而工業的轉型期作品。張雪映不像吳晟精采地反映沒落中農村的愁緒，也不像施善繼直截有力地控訴；而採取一種較為低調的傾訴，為了與現實的感受增加距離感，就採用「我是」的隱喻形式：

我是一條敗壞的魚
我是個兩棲動物
我是一具木偶雕像
我屈伸一如蜘蛛
一如蝌蚪般

依修辭學的譬喻技巧，「我是A」的形式，較明喻要隱晦些，但又較象徵為明確。至於採用「一如」形式則更近於明喻，四輯最末一首〈屠狗記〉，仍然是以狗喻人（我）。作者不採用意象的直接傳達，而間接地將感情投射於喻體，經由其與喻體之間的類似點，觸發讀者的聯想。這是張雪映慣於使用的創作手法，也反映出他的人生觀：生活確是充滿無奈，對於斷了生之鎖鏈的農民之子，生活本身的意義有種頓失所依的淒迷與困頓。而這些基於人的尊嚴，基於從土地所啟悟的生命的韌性，作者乃維持著一種美感距離的觀照，讓同一命運的農民從中獲得一種共鳴。像〈我是一條敗壞的魚〉，作者由黑壓壓的火車的乘坐經驗：

我睡在一節溢滿魚腥味的車廂
嗅著焦味的生活如一條敗壞的魚
一條火車有氣無力地往前走動著

由火車與軌道的關係，聯想及生活本身的「單調而累重」，但在無可奈何的宿命式的憂懼中，卻仍不失一種生之勇氣，所以雖是一條敗壞的魚，「感覺淙淙的活水不再覆來／但依然可以隨著擺動而活著存在」，類似的生活的自覺，透過兩棲動物（白天工作，晚上寫詩）、木偶雕像（固定的模樣）、蜘蛛（得生且生地苟活在陰暗角落）、蝌蚪（競相浮游但能自由自在地胡亂想像），張雪映能從實際生活中親身體驗，然後謹慎地選擇一種切題的喻依，投注自己的人生經驗，這種即物手法的運用，在臺灣詩壇上自然有其血緣。工業社會除非是資本家，生活本身確是一種單調而累重的無力感。臺灣的城市中產階級是在逐漸成為社會的中堅，而對於初入城市的農民之子，失去了祖傳的田地，卻只能在都市的陰影下過著上班族的生活，自會有一種深沉的生活體驗。

堅持「如此我們活下去」的意志，詩人也將心比心地記錄都市的眾生相。自然它不會是盲目歌頌花之香、燈之亮，所以採用較為直敍的寫實手法：寫中山北路的老外摟著吧女，寫德惠街臺灣女子依偎著遠來的日本觀光客，這是一種對臺北毫無自尊的醜惡面的控訴。詩人懷抱著同情之心敍述在華西街的公車小姐、賣燒肉粽的兩個朋友，這是臺北觀光飯店之外更為實質地存在的生活層面。張雪映在臺灣詩壇的寫實潮流中處理一些現實生活的題材，這是六、七十年代的詩人所怯於反映的。那時節，似乎除了超現實主義手法、潛意識世界的挖掘等商標之外，就無所謂詩，瀰漫於文學界的是一種隱晦的曖昧的氣氛。其實詩就是生活，生活就是詩，怎麼樣生活就該真實地寫，張雪映處理這些題材已不再犯了禁忌，包括政治的禁忌，寫空難、寫碧潭空軍公墓「裡面竟連一個屍骸的影子也沒有」的真實。新一代的詩人如果要形成自己的聲音，就要挖別人沒挖過的問題，寫別人不敢寫的題材。否則千百首詩只是一種調子，豈非也是單調而累重。

新一代詩人應該是幸運的，當六、七十年代的詩人尚在泛政治的陰影下，以一種極為隱晦的方式寫其逃亡意識，或以一種虛飾、空洞的方式寫其懷鄉情緒，而新生代已在沒有戰爭的感覺中成長。他們有他們的悲哀，就是對於祖國的土地，僅止於印刷精美的錦繡山河的印象。在比較開放的八〇年代社會裡，新生代使用不同的方式來表達這種存在而又非存在的感覺，張雪映仍舊採用一種象徵的間接的傳達方式。前三輯都是這種沉思有感的作品，只要檢閱一下標題：「因為一道冷酷的海峽」、「血雨盪開兩岸的山河」、「在陰雨天空的覆蓋下」，全是一些陰晦的意象，這是新一代中國人的切身的感覺，透過意象世界委曲地表達出來。

這些應該屬於六、七十年代詩人最具有感同身受的大時代的經驗，卻在中國詩史上留下空白或隱晦的一頁。直到八〇年代成長的新生代出現，他們具有完全不同的感覺，就像張雪映的經歷，想寫敢寫但又有些飄渺，於是就使用了這種象徵手法，於是讀者就要從其巧妙預設的象徵物中去探索，但這已比六、七十年代的詩人要顯豁多了。這些象徵有海鳥（〈海鳥的悲哀〉）、白鷺（〈走過南方的水田〉）、雲（〈異鄉人〉）、海峽（〈一個人有兩個影子〉）等，只要掌握其象徵，則其意圖自可完全體會，此為第一種形式。其次為訴諸於意象的不斷繼起，將土地的情感引發多層次的聯想，引向遙遙遠遠的夢境：以濁水溪為主的幾首，將孕育其生命的母胎，由現實界的河流提升至一永恆的象徵：濁水溪就不只是地圖上的一道河流，而是與生於斯長於斯的生命聯結，為了「著根落足的生活」，大地子民需默默忍受風暴、忍受不幸的判決。臺灣子弟成長到能運用文學表達其對土地的複雜感受時，一種真實的鄉土情感的文學自然就會誕生，這與六、七十年代部分詩人對於這片土地的感覺有其本質上的差異。正因這種農民懷土的情懷，在〈南下的旅客〉、〈觸礁船〉及〈昨夜，我夢在跨海大橋〉等，依據不同背景而有不同的處理，其中動盪著一種土地之夢的失落感，深沉而感人，我們覺得作者在自己的序跋中或許該交代一下當時的創作情境，一定更能幫助讀者了解其中洋溢的情感。

比較起來，第三輯「在陰雨天空的覆蓋下」所收的較為複雜：有些近於近代史的戲劇性處理，像精子偷渡；有些以類似「官兵捉強盜」的動作諷刺現實，像二等兵；也有諷刺緊張時局的出國者等。由於作者對於土地的深厚情感，其中躍現許多有關土地的意象；陰暗的天空覆蓋下的或同我一樣膚色的，代表著作為在臺灣成長的中國人的一種悠悠情懷。作者頗能自尋常的事物引發思路，透過尋常的動作、意象引導讀者進入一較為深遠的情境中。這種手法有時近似笠詩社所倡導的即物手法，只是張雪映所要引出的不一定是一種較為明確的意義性，而是一種感覺而已。

大抵說來，張雪映詩集中的作品較少浪漫的愛情詩，也較少表現機趣的哲理詩，當然，也未採用隱晦的向內挖掘的流行形式。他選用較為明朗的直敘或隱喻形式，是與其所專注的題材相互配合的。因此，這是一本近於寫實風格的詩集，新生代詩人中頗多能開拓不同題材的；像李昌憲寫工廠人，林彧寫工商社會的上班族……都能就自己職業所接近的生活實感，表現於現代詩中。這種介入社會表現生活的詩，與大兵的軍營、學院的門牆所形成的世界頗有不同，是一種更接近於現代生活的真實體驗。張雪映的詩所反映的也是一種實質的生活，而不是經由舶來的書籍所造成的虛玄世界，這種具有生活實感的詩代表新一代的風格。

張雪映詩集中環繞著「土地」所形成的陰晦世界，並非只是個人的心境，而是時代轉變中的土地之夢的失落感、幻滅感。如果以一種經由政府機構安排的作家鄉村訪問形式，大多只能捕捉些浮面的印象：濁水溪的風景線；一帶山河，甚或木橋一座都可成為抒情的主體，自然這些作家筆下的假鄉土詩，也就虛幻而不真實。張雪映成長的過程中的濁水溪經驗，卻在陰雨天空的覆蓋下，自然是一片由風暴、敗壞所形成的陰晦世界，成為其後從事創作的一種基調，對於失落了土地的農人之子，這種深沉的幻滅感在面臨都市生活、國家處境時，乃有一種休戚與共的同情；對人體悟相濡以沫的生活哲學，對遙遠的土地則懷抱悠悠的文化感情。所以土地之夢的失落，雖帶來陰晦的感覺，但從中卻不時透出一絲絲陽光。

《同土地一樣膚色》的出版，只是張雪映創作生涯的開始，只是臺灣新詩潮的第一波。我們深信新生代在了解三十年（或六十年）的新詩歷史之後，一定會發現這麼眾多的詩社與詩人也只是踏出一小步而已，文學的路途仍舊極為艱難、遙遠，尤其臺灣三十年，詩人在特殊的時空狀態下，一步一步地開拓了一小片土地，而將更寬廣的詩之王國荒廢了，因此，急待開發的寫實的詩之風格仍大有待新的突破。張雪映是新生代芸芸眾詩人中的一個，我們期待他能尋找到一種「同土地一樣膚色」的中國人的聲音，形成中國現代詩的氣象，至少這片待開墾、待耕耘的土地是不會失落的。

原刊《文訊》四期（一九八三年十月）

李豐楙（一九四七～），政治大學中文所博士。曾任靜宜大學中文系副教授、政治大學中文系教授等，現為中央研究院中國文哲所兼任研究員，二〇二二年獲選中央研究院院士。研究領域以道教文學、道教文化及華人宗教為主。

# 評羅青《吃西瓜的方法》

◆黃智溶

吃西瓜的方法
羅青・著
幼獅文化公司
1972年10月

在羅青《吃西瓜的方法》一書中，我們很容易發現一個特點，也就是異於其他詩集的地方，那就是主題意識的統一以及思想體系的建立。大致而言，思想體系都是由於主題意識之確立後，再逐步細節的完成，主題意識尚未明確之前，整個藝術體系是無法架構的，根基尚未底定，當然高樓無法蓋起。在一個作品中，主題不明時，如何去討論其他更細微的副題、意象、語氣、色調的統一呢？也因此，藝術體系建立完整後，主題意識更加清晰、精準，且深刻、單純，所以兩者是相輔相成，互相考驗、測量對方的準確度，藝術人格才不至於矛盾，互相殘殺。

首先，我們必須認清一點，很多畫馬專家、花、鳥、蟲、魚專家，並不是「主題意識」的統一，而是藝術語言的重複、雷同，當然，它們容易被詮釋為一種屬於格物派的藝術家，但如果我們要求「主題意識」必須觸及當代人類最重要的苦難時，也就是從個人的情感擴至全人類的情感時，不僅要涵蓋人類的通性，更重要的是涵蓋到不同時、空的特異性時，這種格物派的作家，就顯得格外的貧乏而無力了。

從會寫詩，到以詩的藝術特性來探討問題，是一切藝術家必須經過的歷程，這也是他藝術生命的第一天，在這一本詩集中，可分前兩卷與後兩卷，前兩卷，尚在吸取養分，隱隱約約祇能看出一些藝術性格的大致傾向，一再地以第一宇宙為主角，自然界生機蓬勃的氣氛一再出現，終於導致作者最後將人類之生命放置於第一宇宙的地位，來等量齊觀，而第二宇宙祇是一種歷練的過程而已，其過程頗似於〈石頭記〉的思想原型。

因此第一宇宙的代表物時常出現雲、霧、山、風、星……等，但仍無法有系統地歸納出一個共同的「主題意識」，勉強歸納，也無法深刻，嚴肅，因為尚未涵蓋第二宇宙，未受文明的洗鍊，洗劫，無法深刻，嚴肅，因為現代的問題，尚未感受到。

所以在第二卷〈?怎麼辦〉一詩中，對於做中國人好不好，〈雞鴨的哲學〉一詩中，不敢宣布自己的屬類，開始做第二宇宙的探討，尤其是最尖銳的政治問題，很委婉地諷刺了自己（還是中國人？）後一首〈白蝶海鷗車和我〉將第一宇宙與第二宇宙之衝突，升到沸點（創作的先後，往往不能代表感情的先後，因為它還要通過形式的完成，因此我寧願相信作者編排的秩序，更接近於自己思想與情感的秩序），然後是〈夜班〉，可算是一連續的摸索期。而以第一宇宙的自然物為主題的作品也沒有斷過，如〈輓歌〉、〈同學會〉、〈貝殼家族〉、〈夢的練習〉、〈睡神〉……等和諧的生命，仍在延續著。因此在這一段時期內，作者由於「主題意識」之不夠明確，導致作品分離性，藝術人格的對立，但這是任何大藝術家必須經歷的，沒有這些探索，無法達成以後的目標，就算倉促建立一個「主題意識」也無法包容兩個對立、衝突的世界，一個深刻、嚴肅的主題意識，並不是像分別益蟲、害蟲，那種簡單、淺薄的二分法，而是能將第一宇宙，第二宇宙的對立衝突中，提煉出藝術家的理想宇宙，更和諧的未來世界，並不是批判或讚美就完了，這也是人道主義最可貴的精魂所託。

嚴格地說，第三卷第一輯，還是不太成熟，到了〈茶杯定理〉，意象的統一，有助於主題意識的思考，但茶杯是第二宇宙，善與惡，死與生由人主宰，與作者的「主題意識」有某部分的缺陷，因此「主題意識」與「思想體系」對照後，發現的誤差，加以修定完成，終於放手下筆，自有圭臬，隨心所欲而不逾矩，共有〈吃西瓜的六種方法〉，「柿子的綜合研究」，包括〈研究動機〉、〈研究內容〉（柿子的長相，重量，個性，生平，祕密，柿子觀六首）和〈柿子與我〉，包含五個回合的肉搏戰，與〈研究結果〉總共四個副題，再加上月亮的研究十三首，計有三十一首，以這三十一首建立一個完整的「主題意識」與「思想體系」足足有餘了。

西瓜、柿子、月亮，其共通性是「渾圓」，用這個主題意象來表現整個宇宙渾然一整，如莊子般天人合一的「主題意識」既準確，又明晰，達到沒有誤差的精、準地步，借用這個「主題意識」的建立，開始深入探討其「思想體系」，由點（圓）到子（圓）到人（頭）到星球（太陽，月亮的出、沒）到全體宇宙的渾然一體，貫穿一起，尤其以「月亮，月亮」一輯，最為深刻，廣闊，因為其認知的過程是頗為艱難的，他不是第一宇宙，直接到第一宇宙，而是中間通過了第二宇宙——文明的洗鍊，洗劫後，再超越回第一宇宙的。其中文明的代表物有手錶，鏡子，化妝水，粉餅盒，公寓，盤子，茶杯，鋼盔（烈士與子彈），交通標語，也因此這個月亮（人，地球，宇宙）也不同於古代的月亮，其天人合一之思想，勢必有別於莊子之思想，因為他涵蓋了現代文明對大自然的壓迫感，這也是他的「主題意識」深刻、嚴肅的主因。

《吃西瓜的方法》一書出版至今已歷十個寒暑（一九七二年十月十日初版），其地位所以能屹立不搖於峰頂，其特異之處固不祇以上所舉之一端，其他還有一些重要的因素：

一、編排方式獨特，全書做有系統的編輯，讀起來一氣呵成，沒有一般詩集零零散散，拼湊蕪亂之感。

二、把現代詩從有我之境，帶入無我之境，也就是將強調感情、下筆過重等易流於僵化、揑造的現代詩，帶入另一種感情深埋，下筆輕靈等天機、自然的現代詩，新境界。

三、用錯置，翻新的新成語，作為橋梁，溝通文言，白話間之衝突，使中國文學史自然的向前邁進，既與傳統有別，復與傳統相接續。

四、採以物觀物（無我之境），作者的感情借宇宙萬物而發出，所謂不知何者為我，何者為物，故感情的樣式不祇一種（我），不僅一類（人），而喜、怒、哀、樂、悲、歡、離、合，都能表現、豐富現代詩的內容，對於後輩思想的啟發，最為深、遠。

五、在意境上融合了古典和民俗，尤其是通俗文學，甚至武俠小說的傳統，使中國現代詩的感情方式，從西方復歸於東方，而且是中國的。

從以上數點，我們不難發現一個真正深刻、嚴肅的藝術家，其努力之方向不僅是個人情感與全體人類與宇宙，最重要的還是要關心自己民族文化的問題，以及延續之大道，沒有這種心態，或許能成為「優秀的詩人」，但絕不是一個具有偉大靈魂的「藝術家」。

一九八二年十一月廿三日於廈門畫室

參考資料：

一、《吃西瓜的方法》，羅青著，臺北：幼獅，一九七八年四版。

二、《詩學》，朱孟實著，臺北：德華，一九八一年初版，十九頁。

三、《現代詩學導讀（批評篇）》，臺北：故鄉，一九七九年初版，四一九頁。

原刊《文訊》一〇期（一九八四年四月）

黃智溶（一九五六～），佛光大學樂活生命學系宗教組碩士。曾任《象群》詩刊、《臺北評論》、《文訊》、《幼獅文藝》等刊物主編，現任《歪仔歪詩刊》社長。曾獲優秀青年獎、時報文學獎新詩評審獎、中央日報文學獎新詩組第一名等。創作文類以詩為主。

# 寧靜的絕望

## 評鄭清文的《局外人》

◆葉石濤

局外人
鄭清文・著
學英文化公司
1984年9月

鄭清文是所有可敬的臺灣作家中最獨樹一幟的傑出作家。他從臺灣大學商學系畢業的那一年（一九五八年）開始寫作，第一篇小說〈寂寞的心〉發表於林海音所主編的《聯合報》副刊。這個副刊正如五〇年代末期出現的文學刊物一樣，帶著較自由的，寬容的色彩；所以勇於提拔新銳作家。現在的成名作家，特別是省籍作家在這個副刊發表過作品的甚多。

五〇年代後半期是整個臺灣文學逐漸走向較自由、寬容、多元性創作的一個轉捩點。一部分臺灣作家步伐一致地走向把「文學還給文學」的路徑。譬如夏濟安在一九五六年創刊《文學雜誌》，培養了一群號稱「大學才子」（College Wits）的學院派精英知識分子。《文學雜誌》可以說是承繼五四文學的為人生而藝術的傳統，提倡文學不逃避現實，反映真實人生。（這樣的主張無異是從反共文學的桎梏中解放作家，依據作家的自由心象來觀察人生，描寫現實。）一九五七年《文星》雜誌使戰後世界文學的新潮流來衝擊走進岔路的臺灣文學而使之覺醒。一九五九年由尉天驄主編的《筆匯》革新號網羅了一群年輕作家努力於使文學返回到反映人性及現實的正道。到了一九六〇年白先勇的《現代文學》出現，文學西化就開始了。在這樣的時代背景圍繞下，鄭清文走上作家之路，這毫無疑問的，給他的文學帶來很大的影響；他的文學始終富於理性，不被任何意識形態所束縛的堅強的創作態度，在觀察人生及社會上有深入的洞察，都反映了這時代氣氛的一個特徵。同時由於他通曉日、英、法文的深厚閱讀能力，也使他獲得由極睿智的觀點來分析事物真相的卓越能力。所以他的小說在平靜的外貌裡面隱藏著波浪洶湧的觀念的衝突、心理的葛藤、銳敏的社會批評等深廣的世界，這應該和他的這種後天的修養有關。至於鄭清文非常不喜歡炫耀、誇張、華麗的文字表現和前衛的多變的創作方式，這可能關係到他作為作家的資質；這淵源於他生長的家庭環境。他本是一個農家之子，後來在小鎮的古老的以手工業謀生的家庭裡生長，所以他擁有臺灣舊時代農民、匠人，所具有的誠實、堅韌、勤勞的善良人性及健全的道德價值系統。在這樣本土色彩濃厚的資質猶如肥沃的壤土，而在這壤土上移植過來的現代文學的新奇花木也就得到滋潤，開出燦爛的花朵來。

鄭清文之所以鍾愛海明威或契訶夫等外國作家，只不過是這兩個作家所具有的某些資質，頗能吻合鄭清文的文學觀而已。如眾所知，海明威是一個昂克魯．薩克遜式騎士精神的擁護者，他在初期的一系列以尼克．亞當姆斯為主角的故事中所發揮的是冷靜而無情的觀察；從徹底而冷嚴的寫實，海明威成功地呈現了悲劇背後所隱藏的事實真相。鄭清文的小說非常注重生活的細微末節，他一絲不苟地描寫生活環境中的微不足道的事物，力求真實，最後透過這些事物平淡而真實的刻畫來栩栩如生地呈現人類內心生活的奧祕，這些技巧可能來自海明威的影響。如果容我們用一句話來概括他的資質，那便是

「誠實」罷。

從六〇年代後期，我認識鄭清文的時候開始，有好多機會聆聽他談論有關文學與人生的意見和分析。有一次他提到某一位省籍女作家的長篇小說，他說這長篇小說的某一段令他不悅。那就是她描寫臺灣鄉下閹雞的方法是錯誤的。這位女作家可能耳濡目染也知道閹豬的方法，所以她在描寫閹雞時就用上了閹豬的那一套方法。鄭清文的批評，頗令我愕然許久；因為我看小說很少注意到作者所描寫的器物的形狀、大小或人物動作是否真確。又有一次要推薦一位年輕作家得某種文學獎時，眾人皆贊成，惟獨他一個人列舉十多條小說中的瑕疵討伐。這些瑕疵無一不和生活中的細節有關；譬如說在這種季節中不應出現此類花草啦，或者，農人吃東西時不應有這種表情等等，都屬於零零碎碎的瑣事。起先在座的眾多作家皆不以為然，然而仔細一想，顯然鄭清文的主張頗有道理。如果一個年輕作家把文學建立在虛假及錯誤的觀察上，那麼縱令他的小說在技巧上和觀念上都很優異也是枉然的；他的文學是不誠實的。我知道，鄭清文本身在下筆寫小說以前的繁瑣的準備工作；譬如他要描寫外科醫生執刀手術的場面，他必須設法跟熟悉的外科醫生晤談，了解進行手術時的細微末節，連帶地也要跑一、兩趟醫療器具店，了解手術時所應用的各種儀器的操作方法及效能，以便做到小說中描寫的各種細節跟實際生活相同。傑出的作家似乎都有此類習慣，譬如安德烈·紀德隨身攜帶一本備忘錄，隨時隨地把市井人物的對話、衣飾和動作記錄下來，是很著名的例子。只憑印象和記憶來寫小說是不可靠的；除非你有馬賽耳．普魯斯德一樣可怕的記憶能力。

契訶夫透過他無數中、短篇小說描寫了沙皇統治末期俄羅斯舊社會瓦解的過程。契訶夫和海明威不同，他描寫的對象並不是海明威小說中出現的有限的「失落的一群」，而是廣大俄羅斯社會中各階層的人物，從屬於統治階級的貴族一直到農奴，舉凡知識分子、惡棍、農婦、走販等形形色色的各種類型的人物都出現在他的小說裡。在鄭清文的小說裡，你也會發現他描寫的對象幾乎網羅了現時在臺灣社會裡生存的各階層各種類人物。當然，每一個作家的描寫對象也並非局限於某一類人物。不過，有些作家善於描寫農民，有些作家喜歡不厭其詳，屢次以白領階級為素材也是不爭的事實。由於鄭清文的小說大半是短篇小說，所以更容易看得出他作品中人物的多變性；這和契訶夫的創作方式相同。

如果缺乏敏銳的時代感覺，明晰的歷史觀及悲天憫人的胸懷，即使能把各類人物描寫得栩栩如生也是枉然的；這些作品中的人物只不過是作者憑其好惡操縱的傀儡而已。沒有透徹的歷史感覺就不知這些作品中人物在歷史演變中的地位和作用。而缺乏人道主義的胸懷，這些人物便變成可笑的丑角。透過這些人物的遭遇和悲歡離合的生活的描寫中，鄭清文和契訶夫一樣呈現了人類生命中所發生的「喜、悲劇的流程」。說是喜、悲劇，其實全都是悲劇，喜劇和悲劇本是一個盾的兩面而已；這端賴作家所表現的方式而定。鄭清文仔細地記錄了悲劇所發生的始末和流程，從不加以說明，保持小說平淡無味的外觀，致使許多讀者只能按小說的情節一喜一憂，看不到小說背後所展開的悲劇。所以鄭清文的小說是個深淵，不過只要你用心去讀也頗能領略他在小說世界裡企圖呈現的人類內心生活的悲苦和憂愁。這種觀點跟他屬於同一個世代且是無二親友的傑出作家李喬的「人生的本質不過是痛苦的連續」的觀點有些類似。

鄭清文從一九六五年出版了短篇小說集《簸箕谷》（幼獅書店）以來，已經刊行了長、短篇小說集有八本之多。一九七〇年出版《校園裡的椰子樹》（三民書局），同年長篇小說《峽谷》由省新聞處出版，一九六八年由蘭開書局出版短篇小說集《故事》，一九七六年由爾雅出版社出版《現代英雄》，一九八四年由純文學出版社出版《最後的紳士》，同年由學英出版社出版《局外人》。其中由黎明出版社刊行的《鄭清文自選集》（一九七六年）是收入他自認為較具代表性的小說，並不一定收入世人對他的評價較高的小說。

《局外人》這一本最新的小說集共收入短篇小說十篇，從一九七八年七月發表於《中外文學》的〈雞〉開始，一直到一九八二年四月發表於《臺灣時報》的〈師生〉為止。儘管在這一段時期中發生了「鄉土文學論爭」，臺灣社會邁進了八〇年代的消費社會，但他的小說風格依舊，看不出這些文學主張對他帶來任何影響。對鄭清文而言，從他出頭的五〇年代末期的反共文學，以及接著而來的現代文學運動的衝擊，都似乎未曾在他的文學裡留下痕跡。這也並不是說，鄭清文對這些外面的激變麻木得沒有任何感想和評估。只是他在文學裡追求的目標已固定，這些文學主張都不足以改變，他在小說世界裡所要表現的永恆的「人性」。

《局外人》這一本小說集，從鄭清文的創作歷程而言，似乎更有成熟的趨向。其中壓卷之作當推〈三腳馬〉。這篇小說扎根於本省的歷史裡，描寫在時代的轉變中受到心靈傷害的小人物悲歡離合的人生。不過正如鄭清文的其餘小說一樣，他不認為日據時代當過日本巡查，騎壓在臺灣民眾頭上的白鼻猩曾吉祥是十惡不赦的「漢奸」。鄭清文的小說一開始就描寫白鼻猩曾吉祥童年時代的各種不幸遭遇，自卑情結和心靈的扭曲。曾吉祥的悲劇其實是整個被殖民的臺灣民眾的悲劇。鄭清文以舊鎮在時代轉變的衝盪下逐漸變貌的許多事跡為背景，說明了臺灣民眾所揹負的沉重的歷史包袱。不過，他在這篇小說裡所追求的並非歷史變動的軌跡，而是人性的探求。他意欲闡明的是卑鄙與高貴，墮落與犧牲，摯愛與背叛這種相反的行為共同塑造了「人性」的事實。曾吉祥對其妻玉蘭終生不渝的愛，玉蘭的犧牲與奉獻，處處證明人是複雜的動物，他的內心生活並不是黑白分明的。

〈局外人〉這一篇小說也是鄭清文舊鎮故事一系列小說中的一篇，有濃厚的他的初期傑作〈水上組曲〉的味道。這篇小說也顯示了鄭清文小說的另一個層面；這是篇高水準的推理小說，鄭清文推翻了過去推理小說的常套，把殺人的動機不設定在情、財、仇上，而是設定在由高貴的情操來殺人的可能。不過，推理小說只是這小說布設的陷阱，他真正要描寫的是舊鎮從日據時代末期到光復初期的臺灣生活環境的改變，有濃烈的懷舊鄉愁。

讀了《局外人》以後，我對於鄭清文描寫悲劇流程的作家態度，想到「寧靜的絕望」。造成悲劇的因素，固然外面生活環境的刺激和衝擊有很大的關係，但是人內心生活所醞釀的各種情愫也要反過來決定外面環境的蛻變，可以說悲劇的產生是外在事物與內心情結交互作用的不和諧或葛藤而惹起的。作為一個心懷高邁理想的作家而言，他對人性、社會的墮落和頹廢傾向不得不「絕望」。不過，他既然身為作家，他有義務持有「寧靜」的觀照態度，冷靜的去仔細記錄及分析人性多變的面貌。因此，作家都多少懷有「寧靜的絕望」的心情無疑；這也是作家之所以揹負無力感這個十字架的緣故吧！

原刊《文訊》一六期（一九八五年二月）

……………………

葉石濤（一九二五～二〇〇八），臺南師專特師科畢業。曾任《文藝臺灣》助理編輯、中華文化復興運動總會副會長、總統府國策顧問等。曾獲國家文藝獎、行政院文化獎、臺美基金會人文成就獎等。創作文類以小說、評論為主，《台灣文學史綱》為其代表作。

# 評詹宏志《兩種文學心靈》

◆王德威

兩種文學心靈
詹宏志・著
皇冠出版社
1986年1月

國內對當代小說系統性的批評向不多見。在《龍應台評小說》的旋風吹過之後，詹宏志推出《兩種文學心靈》，可謂此其時也：因為本書不僅提供另一角度審視目前小說的發展，也能促使我們對文學批評理論的架構問題再作審思。以體例而言，本書大致脫胎於作者為爾雅出版社編選之《六十九年短篇小說選》的批評部分，外加對陳映真的專論以及曾飽受議論的〈兩種文學心靈〉一文。書末另有數篇介紹國外著作的文字及專訪，卻予人畫蛇添足之感——雖則討論的內容與前述諸篇稍有相互呼應處。

詹宏志學的原是經濟，但筆下的文學批評寫來卻是流暢明晰。尤其他能將本行知識巧為運用到對作品的詮釋上，的確不時令人耳目一新。但與其對本書諸文作各不相屬的介紹或浮誇的褒貶，筆者倒願意歸納出幾點問題，一則藉以自省，一則藉以延伸詹宏志的議論。

縈繞本書最重要的主題應是對歷史（及文學史）的深切關懷。這不僅得見於多數文字原是為「年度」小說選而作，也得見於作者對「時代精神」（皇冠版，七十五年，頁一八七）、「邊疆文學」、「三百年後」的評價等問題的思考；而作者更於序中自述本書「今日」出版意在「貢獻『遺體』以為醫學研究之用」——「用以解救『明日』的臺灣文學」（頁一三）。批評家能自我淘鍊深廣的歷史意識，自是有助於對文學現象的考察。但在歡迎詹宏志的立論起點之餘，筆者仍不免覺得他心目中的「歷史」定義似嫌空疏，也時時流露出浪漫主義式的流風遺緒。基本上對詹而言，歷史是一超然的，自明的，有綜攝力的存在。「歷史像一匹野獸，吞食所有的歡欣、不幸、理想、鮮血、與死；億萬人的生與死滅、流血流汗，只鋪得冰凝的黑字一句——那流淚撒種的也未歡笑收割。」（頁四五）掩藏在這種哥德（Goethe）浮士德式的感喟下，是一種知其不可為而為之的憂患心態，而這恰與詹所期盼於小說家的素養（「誠實的小說家都為『憂心』而作」，頁一八九—一九〇），不謀而合。然而我們可以反問：果真歷史是頭皇皇不可逼視的巨獸麼？詹所謂的末世審判式的視景真是自明的麼？我們難道只能擁有（或臣服於）「一」個歷史麼？

詹的文學史觀畢竟回應著黑格爾（Hegel）式讀史方法，而他的「邊疆文學論」也應在此模式下來看，才顯得順理成章。儘管震驚於一時一地的人為努力終將成為「歷史」的渣滓，但詹「預設」一大一統、有始終之歷史觀的心意，從未嘗稍減。也因此他擔心我們的成就或成為一種「浪費」，或自外於「中國文學」的主流，甚且成為「富饒的假象」（頁四五）。然而我們卻不妨說，「歷史」本身就是個駁雜的集合體，「從來」就包涵著浪費與經濟、旁支與主流、真實與假象的種種齟齬與衝突。硬要在其中找尋正本清源的邏輯，無異是掉入了自我設限的「真理中心」迷思中（logocentrism）。歷史其實不應被視為一超然存在；它是一直不斷流動於你我之間、不斷被「改寫」與重組的「人文」成就。明乎此，我們固然難免像詹宏志般覺得若有所失，但這也不正為「歷史為人類所創造」的老話，憑添新意？

一反詹宏志所憧憬的「一以貫之」的史觀，筆者以為「眾聲喧嘩」式（heteroglossia）的觀點或可作為參考。（註一）我們可以將歷史看作是一充滿「對話」的過程，其間新舊古今的知識價值必須交相來往。但對話並不意味毫無阻礙的溝通；意義的流失、誤解、對立原也是難以規避的現象。職是詹宏志的聲音雖然微小，亦將構成歷史論述（discourse）的一部分，負擔起引生共鳴或批判（或被忽視）的地位，一如其附錄他文所示。

如果我們不再執著一內爍唯一的史觀，則詹宏志的邊疆／中原的二元對立論似也可以找到轉圜餘地。詹以地理或時間來作為預估文學史取向的標準，因無不可，卻極易淪於粗疏。他急於為心中原不可捉摸的歷史怪獸找歸宿（中原文學傳統？）的焦慮，因此不言自明。有趣的是，詹的對手在對他的立論口誅筆伐之際，其實又陷入另一套以地理及時間為準的窠臼（見宋冬陽的評論，頁六一—七一），故難逃五十步笑百步之譏。筆者並不反對將文學視為某一時空中生命現象的反映，卻以為太多的評者斤斤計較文學「複印」人生的程度，忽略其本身的象徵中介過程原是極其複雜迂迴的問題。這不僅顯示於詹的部分文字中，也尤其顯示於本土派作家撇清式的激辯中。只要想：「英」

國文學史中「愛爾蘭」的作家自斯德夫特（Swift）到喬伊思（Joyce）的地位，不也足以引起一些中原／邊疆式的深思？羈旅法國，喜以法文寫作的愛爾蘭裔作家貝克特（Beckett），往往各是英、法文學史中不可或缺的要角，他的身分又豈僅是一兩個標籤所能圈定的？要之，我們當然可以就文學的流變作各樣的定位或組合工作，但缺乏對歷史以及「文學」史較細膩的省思，卻每每成為我們畫地自限的前奏，宛如有了「中國」或「臺灣」的符號，其內裡的可能衝突矛盾就均可迎刃而解。相形之下，詹宏志於〈臺灣人的臺灣意識〉一文中開始體會到「兩種意識可合亦可分」（頁七五）時，顯然是對本土派評者一個遲來的但遠較融通的答覆。而該文文末出現之有關文學、文學批評、意識形態間關係的思考，應可視為轉變的契機。

在實際批評方面，詹宏志最大的特色是運用了較專業化的角度剖析作品意義。如論〈村人遇難記〉為一「群體心理的微分觀察」（頁一七七），論〈隔壁親家〉所反映的「雙元性過渡社會」（頁五一），〈人人需要秦德夫〉的「競爭性」與「非競爭性」價值的分野（頁一二四）等，雖屬淺嘗輒止，但多能使我們立即明瞭詹的批評導向，可讀性很高。但詹評陳若曦的〈路口〉時居然急切的稱其「材料和主題，由於前無古人」，故而「注定要進入歷史」（頁九五），顯有遽下斷論之嫌；對陳映真的崇拜，亦溢於言表；陳的〈雲〉文字「從容雍雅」，思辨「深沉精密」，使作者深為其「透露的『道德』與『愛』的胸襟打動了」（頁二二三）。筆者同意二陳的重要性不容小覷，但如是的讚美卻難免使我們覺得不安；前述詹的歷史憂患感似乎在此都暫時聲銷跡匿了。另外詹稱吳永毅〈新來的獅子〉具有荒謬劇的特徵（頁一〇七）可能稍嫌籠統，究竟吳「有話要說」的批判意識遠比歐美荒謬劇要來得明確且狹窄。至於〈村人遇難記〉以法國新小說作為批評樣本，寫得堪稱可圈可點。總體來說，詹為六十九年小說所作的圈選確有其見地。五年以後的今天來看，有些作品居然預示了日後的創作方向，像〈自己的天空〉之於新女性主義，像〈村人遇難記〉的實驗精神，以及〈路口〉之於日益曖昧的政治價值等，皆是佳例。詹書固然缺乏龍應台那樣犀利縱橫的筆調，但就關懷的層次，議論的深度言，實遠在龍作之上。

然而分辨詹書與龍書的高下，並不代表兩者間的立場亦完全對立。事實上本書的書名《兩種文學心靈》已多少透露詹與龍對文學的品味有相似之處。詹所謂的「兩種」文學心靈分野並不清楚：「感受型」小說是「小說家自己的體操」；「意見型」的小說「才是屬於社會大眾的」（頁五九）。準此，袁瓊瓊〈自己的天空〉是為「感受型」的代表，而廖蕾夫的〈隔壁親家〉則是「意見型」的傑作。令人疑惑的是，〈自己的天空〉在發抒女性主義的塊壘時，不也是極佳的「意見」之作麼？〈隔壁親家〉在描述價值變遷下的人際關係，不也充滿無奈的「感情」麼？詹的分法其實已預設價值好壞的差異，並未給予「兩」種文學心靈真正交鋒的機會。至於「意見型的小說會形成讀者意識底層的記憶，感受型則不能」（頁五九）更不知何所指。莫非「文以載道」的古訓仍然支配著詹的理論架構？也許詹更關心的是如何使意見型小說言之有物之餘，還要能「情文並茂」吧？

龍應台評小說以苛求文學形式起，卻終不免強調內容的優劣尤其重要；詹宏志評小說揄揚意見型的歷史意義，卻也反對「主題掛帥」的作品，承認藝術包裝的必要（頁五九）。兩者的論點殊途而同歸，仍然繼承了新批評（New Criticism）以及李維斯（F. R. Leavis）「大傳統」早已顯示的內容／形式的兩難問題。然而如果我們真能正視語言作為象徵符號的意義，以及其所挾之政治文化動機，則我們對於內容／形式的二分實應重作考慮。換句話說，正如龍應台般，詹宏志也將小說的情節內涵當作是「再現」（re-present）人生的門徑，而形式固然不可或缺，終屬次要：職是現代主義小說因「陷入了『沒有意見』的匱乏」，產生了「價值的虛無」（頁六〇）。但現代主義小說果真是個空殼子麼？五十年前盧卡契（Lukács）的現代／寫實主義二分法豈真仍是陰魂不散。（註二）筆者在此雖不欲否定內容／形式（或意見／感受）在方法學上的必要性，但卻以為我們對文學形式本身的排比變異實應更深入探討，並進而將其與所謂的內容、意見、乃至意識形態作較縝密的連接，庶幾避免忽略形式、語言本身已具的社會象徵意義。詹宏志已經注意到小說作為一個「文類」，「基本有一定的群眾性」（頁六〇），據此大可繼續發揮，察考這一文類對當代社會文化活動的影響，或自身改換更易的動機。

詹宏志自謙本書僅為一文學史中的「洗禮」，如此本篇書評只好詭稱為「借屍還魂」之舉。但用生理乃至生態學的比喻畢竟仍是十九世紀文學觀的「遺產」。「死亡」不是歷史（文學史）的終結，而是起點。

註一：見M. M. Bakhtin, *The Dialogic Imagination*, ed. Michael Holquist, trans. Caryl Emerson & Michael Holquist (Austin U of Texas P, 1981), 428.

註二：Georg Lukâcs, "The Ideology of Modernism," *20th Century Literary Criticism*, ed. David Lodge (N.Y.: Longman, 1972), 474-488.

原刊《文訊》二四期（一九八六年六月）

王德威（一九五四～），威斯康辛大學比較文學系博士。現任美國哈佛大學東亞語言與文明系暨比較文學系Edward C. Henderson講座教授，並為中央研究院院士、美國國家藝術與科學院院士。研究領域以中國現當代文學和比較文學為主。

# 狩獵者拓拔斯

## 評介《最後的獵人》

◆彭瑞金

最後的獵人
拓拔斯・著
晨星出版社
1987年9月

《最後的獵人》是布農族青年作家拓拔斯的第一本短篇小說集，收集他從當醫學院學生以來，近六年間所寫的八篇作品。這本小說集首先值得我們留意的有兩點：原名田雅各的拓拔斯出生於一九六〇年，這些作品最早出現時，拓拔斯幾乎僅僅只有二十歲，不管從哪個角度看，都堪稱是八〇年代臺灣小說界最年輕、最新銳的聲音；其次，他寫出了臺灣文學有史以來最動人的原住民小說。雖然從賴和寫〈南國哀歌〉以來，不斷有國內外作家以原住民的歷史、傳說、神話、生活為背景的文學作品出現，像張深切的〈遍地紅〉、鍾肇政的〈馬黑坡風雲〉，以及李喬、吳錦發等人的小說。它們或頌揚原住民英勇抗暴的悲壯歷史事蹟，或刻畫原住民的風土民情，甚或探討原住民面臨的困境難題。不客氣地說，這之間還沒有一位能夠攀越漢族文化的價值藩籬，還給原住民生活原貌的。也是拓拔斯的作品提醒了我們這些深受漢文化意識定型的作家做一次冷靜反省的機會，快快收起那份越俎代庖的傲慢，讓我們將原住民文學，還給如拓拔斯這樣的原住民文化的使者去承擔吧！

拓拔斯並不是臺灣文學史上第一位原住民小說家，早在六〇年代就有排灣族的小說家陳英雄（筆名鷹娣），企圖以排灣族部落文化的特色在臺灣文學的原野上占一席之地。我想，拓拔斯的小說也同樣提供我們一個考察這位原住民先輩作家作品質地的機會，從拓拔斯讀陳英雄使我們恍然大悟的是，陳英雄的小說顯然犯了極嚴重的誤解，他放棄了原住民文化的價值觀，而全盤接受漢文化的價值，從而看到自己族群的一些異象來——可以討好、滿足漢文化的好奇心的原住民民情風俗表象，他不是有使命感的原住民文化使者。

這些幾近苛刻的評語，只有一個用意——希望拓拔斯的小說背後嚴肅的原住民文化的價值觀能受到矚目；它嶄新的作品風格，能帶來臺灣文學新的風貌。自從寫實主義的風信球升起之後，臺灣作家一直背負著過分沉重的社會參與使命，文學作品反映社會現實與文學工作者、創作者走進工廠、走進農田、漁村之間被畫上等號。我想有個淺顯的例子是這樣的，寫農民生活的作家，被質問道：你會插秧嗎？你知道西瓜怎麼育種嗎？寫漁民的作家，被逼問道：你捕過魚嗎？寫工人的作家被譏諷：你拿過鋤頭嗎？因過度急切、焦慮而將文學作品與現實生活放在攪拌機裡交集的文學現象，雖然已矯枉過正了，徒然暴露了文學的無力感。當臺灣文學因寫實傾向弄得凝重不堪的時候，拓拔斯輕快開朗的啼聲成為臺灣文學最令人愉快的聲音。

我覺得拓拔斯應該更有理由發展如膚受之愬的抗議文學，原住民的生活在強力的外來文化侵襲下萎縮、變質、異化、扭曲的情形極為嚴重，有使命感的布農作家極可能無法避免落入怨懟、悲愁的陷阱，而成為原住民生活困境的訴苦人，然而年輕的拓拔斯在這方面顯現了令人難以置信的成熟智慧，他冷靜地提供了原住民心靈、生活世界的真相、原貌，讓許多自以為是如你我者反躬自省的機會。看了拓拔斯的小說，我們不會問：那些傳說、故事可能嗎？也不會問：他所描述的狩獵、耕種、生活習俗真實嗎？我們只是聽到不斷撞擊心靈的聲音——原住民在外來文明壓制下謙虛的自嘲。拓拔斯奇特的作品風格主要來自他的作品世界和現實的原住民生活天地，在保持了適當間距的平行線上發展。這個特意安排的空間剛好提供我們這些原住民文化的旁觀者客觀的反省空間，不致淪為濫情而無意義的原住民同情者，這個空間對自以為是的，持平地文明的入侵者，像一面嘲弄人的鏡子，不斷地映照出平地文明偽冒的慈善家嘴臉，這種近乎予取予求縱放自如的嘲諷技巧，令人耳目一新。

作為原住民清醒理性的聲音，拓拔斯堪稱第一人，他從沒有把原住民的生活寫成落後、可憐以博取同情，他筆下的原住民是優游馳騁於山野的主人，他們是屬於森林、小溪、自然秩序無所罣礙的一環，是自信、自足的族群，他們有屬於自己生活的規範、秩序。是入侵者帶來的文明破壞了山林寧謐的舊秩序，不准狩獵、不准伐樹、不准捕魚……汽油味趕走了松鼠，入侵的浮華世界破壞了山林兒女的純潔。拓拔斯的小說很明顯地感應了這種不同文明衝擊造成的振盪。他們在還弄不清「姓林的」（林務局）是什麼人之前，卻因為想替小兒子造一張新婚的床而吃上竊盜官司（〈拓拔斯・搭瑪匹瑪〉）；禁止狩獵法令成為檢查哨警員勒索獵物的藉口（〈最後的獵人〉）；從原住民對平地文明的無知、鄙視中，從平地文明照射下原住民遲滯、無辜的臉龐，固然反應了原住民生活受到平地文明入侵後的笨拙；然而平地人的文明、法律、規範，從山野森林的選民看來，也是一樣的無知、荒唐。嚴肅的原住民心聲在拓拔斯嘲弄的筆調下，反而顯得格外刺人。

在〈拓拔斯．搭瑪匹瑪〉這篇拓拔斯的處女作裡，拓拔斯和獵人「烏瑪斯」的幾段對話已經充分表現了原住民對平地人帶來的文明、法律的不以為然，也幾幾乎暴露了全部的受到外來文明傷害的原住民問題，烏瑪斯說：「講國語的沒來這裡前，那些樹就長這麼高，我們看著它們長大，沒有人敢說是他的，它們屬於森林，這點絕對沒錯。祖先砍樹造房子做家具，造物者從來不發愁，現在笛安拿造物者的東西，林務局憑什麼，告他罰他坐牢。」「以前山豬打劫我們的糧食，我們不至於缺糧，因為腳步慢的山豬隔天就留在我們餐桌上，蹄膀大的山豬回到山洞大量繁殖，所以獵人不會破壞這種良好的關係。」「停止打獵是違反自然，獵人屬於這片森林，是森林先存的主人之一，不是外侵者。森林的糧食一定，動物生殖力強，愈來愈多，獵人可以減少動物為患的憂慮，反正動物也有自相殘殺的時候。……說真的，獵人只是平衡動物在森林的生存。」「林務局……一直破壞動物的家園……說是獵人濫殺，破壞自然。……他們應該停止砍伐。如果森林沒被破壞，我想不會年年有大洪水發生。」他們從小在山上打獵、捕魚、耕作，從不受外力束縛，只相信天神才有資格懲罰，可折服於大風大雨，不願被異族征服，但平地人帶來的「法律」卻吃定了他們。「法律」暴露了他們的無知、弱小，平地「文化」彰顯了他們的野蠻、落伍；平地經濟帶來他們的貧窮、落後……。總之，一切強勢文明凌虐弱勢文明的暴行都在原住民的身上、生活中出現了，但是拓拔斯的小說，並不抱怨、譴責這裡面的掠奪壓迫行為，只是意味深長地藉著老獵人的口，慨嘆短視的外來文明不諳大自然的律則，盲動適巧破壞了自然的秩序。我認為這之間的反諷較之直接而強烈的控訴，要強勁百倍。

〈拓拔斯．搭瑪匹瑪〉和〈最後的獵人〉可說是拓拔斯迄今為止最重要的兩篇作品，它們綱領性地展現了這位年輕作家原始而強烈的作家魂，他以蘊涵深遠的手法嘲諷外來文明這自然秩序的破壞者，而隱藏了原住民的危機意識，他不卑不亢，不是暴怒，也不是哀鳴，只有深不可測的挖苦嘲諷，卻語語如矢命中吾人的心弦，使吾人不得不引發慚愧的共鳴，拓拔斯儼然身手矯健的獵人突出臺灣文壇。

也許僅憑集子裡的八篇作品臆測一位大作家的誕生，是一件十分冒險的事，但是我卻很肯定的認為拓拔斯冷靜、灑脫的風格帶來整個文壇的新氣息。另一方面，他為我們開拓了原住民文學這片嶄新的視野，像〈侏儒族〉、〈夕陽蟬〉、〈馬難明白了〉、〈懺悔之死〉，和拓拔斯的代表作比起來，格局是小了，但是卻也都牢牢釘緊了原住民的心靈世界，或是道德的、或是信仰的，每一篇作品無不是固守住原住民內心世界的一個據點，無不透露他那探索原住民文化苦行僧的志節。有文化根基的作家是值得我們放心期待的。

原刊《文訊》三三期（一九八七年十二月）

彭瑞金（一九四七～），高雄師範學院國文系畢業。參與《文學界》、《文學臺灣》創刊。曾任高中國文教師二十七年，靜宜大學臺灣文學系所主任、靜宜大學臺灣研究中心主任、臺灣筆會理事長等。曾獲臺灣文化獎、教育部文藝創作獎、客家貢獻獎等。研究領域以臺灣文學史、文學評論、臺灣客家文學、臺灣原住民文學為主。

# 讀楊牧《山風海雨》

◆林燿德

山風海雨
楊牧・著
洪範書店
1987年5月

## 一

《山風海雨》是楊牧於一九八四年秋至八六年秋兩年期間，刻意創作的一本散文集。本書被董橋譽為「細緻處不亞於納博可夫，情懷則近似於普魯斯特的『往事追憶錄』」、「掌握散文風格已臻精準境界」（第十屆時報文學獎散文推薦獎評審意見）。

《山風海雨》的封底摺頁提及，本書「思索集中投射，回歸到太平洋戰爭時期的花蓮，細說山林的聲籟、色彩，自然神祕，人情變動，以及藝術的啟迪，而終止於愚騃狀態下二二八事變的震撼、衝突、毀滅、感傷，遂通過幻想之力拔起，彷彿掌握到了詩的端倪，告別童年，面向大海。……為詩人自剖心神，體會記憶，展望未來之作。」

《山風海雨》對於太平洋戰爭僅止於側寫，至於「愚騃狀態下二二八事變」也沒有正面鋪述。和吳濁流的《無花果》、《臺灣連翹》，甚至丘念台《嶺海微飆》比較起來，我們可以了解，楊牧在《山風海雨》中對於「二二八事變」的衝突過程和歷史意義等於不置一詞，所謂「震撼、衝突、毀滅、感傷」，應是指透過一個七歲孩童心智所呈露出來的蜃影。

地震、神像、廟宇在「詩的端倪」一章中，成為「二二八事變」種種「似非而是」的象徵。或許我們也可以認為：〈愚騃之冬〉以下的三章「稱文小而指極大，舉類邇而見義遠」，是經過詩智包裝，變化後的歷史詮釋；但是我們一旦回頭翻開《交流道》（一九八五年版），看到楊牧對無品格的虛矯文人（見〈文章的虛實〉），也看到楊牧無畏當道，痛斥雷根州長任內的法西斯作風（見〈大學之內與外〉），就會知道楊牧並無意以厲詞來重新審視「二二八」。事實上，《山風海雨》並未針對該事變進行任何客觀的剖析，是書作者所經營的主題要旨，著重的是一個孩童的心智成長、一個詩人的詩智啟迪。臺灣四〇年代一波接著一波的世變，遂成為一組「隱匿的文化框架」，「二二八事變」並沒有突出而成為敍述的前景，但是卻是賦予童年往事時空定位的龐大而深沉的背景之一。如果用William Hackett的雕塑《針匣中的男人》（一九七三—七四）——一個銀製的人形嵌入布滿尖針的鋼匣——來比擬本書中敍述者和時代的關係，那麼作者顯然意在突出銀人（自我）被鋼匣（時代）刺穿的痛楚，而不在描繪尖針的數目和尺寸。至於董橋認為楊牧於《山風海雨》一書「對二二八事變紛紜錯綜的情態『下了冷靜的剖析』，從中……」（雙引號為筆者附加）一節，我想董君若非受到摺頁簡介的導引而強做引申，就是尚未竟讀全書即妄下斷語。

不過，換一個角度來看，有人是會置疑，楊牧何嘗不是以另一種形態的表現方式，對於紛紜錯綜的二二八事變「下了冷靜的剖析」——當讀者和楊牧享有共同的政治、文化經驗時，那些「似非而是」以及「似是而非」地影射某些事物的密碼，就會自然而然在閱讀的過程中「正確」或「錯誤」地解譯。果其然，我們只好說，讀者與作者正處於某種文化上的「共謀」關係。

## 二

那追趕的呼嘯令人顫慄，證明天地間是有種形而上的威嚴。在那童年的末尾，如此猜測緬懷著，如今坐想其中的奧義，覺得那領悟何嘗不就等於古典神話的起源和成熟呢?那威嚴是赫赫譴責的威嚴，正如宙士的雷霆，剎那迸發，劃過鬱鬱藍天，以震耳欲聾的聲響降臨人界，使我們恐慌驚怖。那是早在柏拉圖以前就已經產生的神話，在地中海北端一片崢嶸土地的角落，人們生化著，憑他們的想像創造了這神話——憑想像，不如說是憑經驗，憑群落結合的無意識，一種collective unconscious（按：集體潛意識，指潛意識中源自種族發生的材料），遂確定了宙士雷霆的形象。這神話發生的動力顯然是一種恐怖感，人們對形而上威嚴的懼怕。我警覺我微小的生命正步入一個新的無意識的階段，在恐怖懼怕中，在那呼嘯和震動之中，孕育了一組神話結構；或者說，那神話的起跑是比這地震的春天早得多，也許在風雨洪流，山林曠野，血光淚水，在這以前在我不寧的足跡裡就已經發生了——如果是這樣的，是這春天追趕的呼嘯和暈眩的震動，促成我一組神話結構的成熟。啊春天，黑色的春天。

假定這一切竟然非如此不可，那黑色的春天所提示給予我的正是詩的端倪。

——《山風海雨》頁一五四～一五五

「黑色的春天」，是《山風海雨》中對於「二二八事變」較為「露骨」的指涉。如果這個聯想成立，那麼楊牧所以「向我的童年告別」、所以掌握「詩的端倪」，如同他的敍述，是導源於「黑色的春天」突來的「地震」。

回溯到楊牧的「葉珊時期」，又能在《水之湄》（一九六〇）、《花季》（一九六二）、《燈船》（一九六六）這些早日的詩作的序跋中找到具體的證據嗎？果然，楊牧的蘊藉太深，深諳詩貴含蓄婉轉之理，我們只能找到諸如此類的「蛛絲馬跡」：身為詩人的「悲哀為最甚」（見《水之湄》後記），對「孤獨和崇高」（見《花季》後記）的信仰，乃至於「從我開始寫詩到現在，大約已有一百首了，這純粹是個人心緒和思維的紀錄，它們本身是沒有甚麼目的的」（同前）。

詩人早年確實是「欲言又止」，直到一九七八年《楊牧詩集I：一九五六—一九七四》出版，楊牧才在〈序〉文提及：

「歸來」一詩提到「流浪的往事」，十六歲的少年有甚麼流浪的往事？現在設想那時如此下筆，也許合當有事，一切存乎虛實之間。我設想曾經有一段不長不短的日子裡，我在尋覓著甚麼，在意志和想像世界裡「流浪」，直到若有若無地捕捉到了詩，似乎是一種喜悅，乃以詩為歸宿，彷徨的情緒稍稍減輕——如此則當時莫非已經發現自己早該屬於詩？……十六歲以前無由知之，有朝一日在困惑之中，忽然覺悟……

在這段記載裡，所謂「合當有事」依舊含糊其詞、「存乎虛實之間」。楊牧撰此序距《水之湄》出版十有八年，《山風海雨》則於《水之湄》出版後二十七年問世。楊牧似乎費盡二十七年的掙扎，才努力將「合當有事」的內容吐露出來。

假定「黑色的春天」鑿實是促成了一個詩人的誕生，那麼詩人早期的作品是否可以找到惡魔的殘像？比如我們發現了如下的「範例」：

劫掠者自草原上來，像一陣風，
那麼任性，那麼殘酷，那麼愛挪動
瞌睡裡的小愁，而且輕輕吻它，

使殘留一些花痕，
像火熄了，小橋斷了，馬蹄鐵遺落滿地。

——摘自〈劫掠者〉（一九五七）

記憶是碑石，在沉默裡立起

——摘自〈死後書〉（一九五七）

或者，在〈默罕穆德〉（一九五八）、〈給愛麗絲〉（一九五八）……以及更多的詩篇裡，找出一些和死亡、侵略與悲痛有關的意象，斷章取意地附會，認係與「黑色的春天」有「所以然」的連鎖關係，這種說法所不具備的正是說服力。迄今為止，除了《山風海雨》的後半部外，缺乏任何有力的證據得以顯示楊牧曾將「二二八事變」的影響形諸文字。

在〈詩的端倪〉的四〇年代末期和一九五六年開筆之間，似乎仍有一段空白。這是因為楊牧對政治的恐懼或厭惡（或兼而有之）而導致的沉默嗎？

## 三

「地震」僅僅是一次較為猛烈的震撼；從雕刻家手下得到啟示的當下，不過是跨越思想沸點的瞬間。

楊牧沒有描述廚房窗櫺的樣式，但當他談到自己「坐在（新髹的長凳）上面張望，地上是棋盤狀的日影在不斷閃動」（《山風海雨》頁三），我們就應該知道廚房有窗，窗上有格狀窗櫺。因此，〈詩的端倪〉不止是「地震」所肇造，也不止是想像「眾神廝殺」——神與神在口角辯論，搏鬥，廝殺，大規模的戰爭（《山風海雨》頁一五七）——的敷衍。愛與死的觀察，山川的感動都是哺育詩人身世的環境。

童年的楊牧即常觸及「死亡」的面相，不論是蘊藉於想像，或是見證於事實，「三兩具死去久遠的水手的髑髏」（頁十四）、「……溺死的野獸一起順河流下」（頁十九）這些戰爭初期浪漫的幻想在後來太平洋戰爭蔓延至故土時，漸漸在現實裡顯影，折射到日常生活的層面上，被獵殺而仍帶「微笑」的獐（頁二五～二六）、垂死的鳥（頁三八）、鄉人屠牛（頁四〇），這些現實中的殺戮像是大戰爭的裝飾音，在童年「培養一份抑鬱和懷疑」（頁四一）。這是楊牧譴責戰爭的方式，敍事平淡、冷靜，卻震懾人心。

「死亡」的反面，愛與慾在童年中逐漸萌生。〈水蚊〉裡的初戀，那是進小學前後的情事，一個年長五、六歲的「小姊姊」，住在鐵軌盡頭，直到她默默消失，不知所終，楊牧追憶這烙印一般的「最初的愛」，語言開豁無諱，和〈愚騃之冬〉裡對女老師暗戀的婉敘，都流露出真摯的情感。同樣出現在〈愚騃之冬〉裡，作者偷窺算命瞎子和女人調情一節，以瞎子戲言亡魂降臨作為收束：

> 「是亡魂！」他低頭對女人溫柔地笑：「亡魂來找你了。」
>
> 「啊——」
>
> 我毛骨悚然，趕緊蹲下，坐在屋角喘氣。前面的竹林陰風習習，左邊傳來豬的鼾聲，陽光照滿乾癟的空地。我站起來冒險走進那竹林，感到一種解脫的沁涼。陽光在變化，以千百種不可捉摸的彩色在我眼前飛舞。我的心劇然地跳，聲音像小鼓，即使在我奔跑的時候都聽得見，鼕鼕，鼕鼕，這樣隨著那紊亂的彩色響著。
>
> 我跑到高壓電線下，坐倒在苦苓樹蔭裡，汗水浸濕了我的身體四肢，鼕鼕，鼕鼕，心跳的鼓聲匯入高壓電線嗡嗡的長吟。

就在這一小段引文中，就可以發現楊牧敘事的精緻、細膩。喘息、鼾聲、心音、鼓聲隨著陽光色彩的變化、身體的行動，匯入「高壓電線嗡嗡的長吟」，設色繽紛、音響跌宕，然而精采處卻在整個情節的寓言性，童年對性的恐懼、壓抑和挫折感，囊括其中。

首章〈戰火在天外燃燒〉中，也提及日本婦人的裸胸，那是在「忍」字中堂前碎步走出的和服婦人，「衣帶沒有繫上，雙手攏著下襬，露出胸前一對奶」，裸乳對情竇未開的孩童而言，除了性的展示和挑逗之外，在這一章中尚有強烈的文化暗示，楊牧說：

> 我記憶裡的日本男人穿著驕傲的制服，佩長刀；而記憶裡的日本女人總是披著一件沒有腰帶的長衣，袒露著她令人不好意思的胸乳，坐在榻榻米上微笑地說話，聲音又急又清脆，可就是不知道她在說些甚麼。

在日據時期成長的臺胞，他們同日本文化的關係通過楊牧的記憶而得到暗示，將生命和姓名登記在日本帝國名下的臺灣人，一方面委身於「制服」、「長刀」的淫威下，另一方面又接受日本文化的哺乳。

「愛和愁和情，以及幻想等等，似乎又不那麼複雜。那也只是夢魘的一部分，折磨我完全不設防的身心。」（頁一三七）楊牧是如此坦誠地交代了他的心智成長史。

## 四

在《山風海雨》，楊牧對於臺灣文化的變遷有相當敏感的把握——尤其是透過語言和人文地理的省察。他談及幼年時對日語的態度（頁八），阿眉族村的氣味（頁四三）、花蓮附近鄉名的改變（頁六六），都令人想到卡內提在《被拯救的舌頭》中對於周遭事物特殊的思辨和感應。楊牧和卡內提童年都擁有複雜的語言和政治環境，日據時期臺灣受歧視的原住民也和保加利亞北部被迫害流亡的亞美尼亞人擁有許多的悲哀。

長刀之斷，是楊牧「童年後半期最鮮明的意象」（頁一四四）——那「童年後半期」是在「許多不可議的禁忌，以及猶疑困惑裡」度過的。日本人相贈的刀，經官員折斷後發還，無疑是具備多重象徵的政治諷喻，日本的失敗當然是首先可以推想而知的指涉，而國府接收初期臺灣民眾的心理挫折和政治迷惘也在這一「斷」中呼之欲出。長刀之斷的豐饒意象，豈止是楊牧個人童年的殘像，更是一種集體潛意識的顯型。

## 五

《山風海雨》風格迥異於《年輪》時期（一九七六）的華妍與異國情趣，細膩動人處尤超越近二十年來諸多鄉土懷舊作品，以平淡、制約、明朗而練達的語言，呈現出臺灣四〇年代一個早熟、敏感的孩童視界，穿插以後設、警醒的自然景觀與人文地理鳥瞰。前半部寫實與寫意參半；後半部則隨著心智的成長而發展出替代現實事件的象徵系統，超越了塵世的糾葛，在晦暗的世代開啟詩的端倪。本書不但是研究詩人的重要資料，在現代散文的發展中，也應有舉足輕重的地位。

亂世常能締造出優秀、乃至偉大的文學家，因為他們曾和亂世裡的芸芸眾生同悲共苦，背負著千萬人的記憶、意識和宿命。如今有《山風海雨》，可為此說佐證。

原刊《文訊》三五期（一九八八年四月）

林燿德（一九六二～一九九六），輔仁大學法律系財經法學組畢業。曾任中國青年寫作協會祕書長、《草根》、《書林詩叢》、《臺北評論》、《臺灣春秋》等刊物編輯。曾獲時報文學獎、聯合報文學獎、梁實秋文學獎、全國優秀青年詩人獎、國家文藝獎等。創作文類以詩、小說、散文為主。

# 評王文興《書和影》

◆廖咸浩

書和影
王文興・著
聯合文學出版社
1988年4月

《書和影》是王文興的第一本雜文集。本書分三部分。第一部分屬書評導讀之類短論，再加上若干與讀書寫作有關的短文。第二部分為影評，及一篇成立藝術電影中心的呼籲。第三部分則包括了各式雜感論藝懷人之作，外帶一篇「現代詩」及一篇對話錄。

本書的第一部分，可以說是王文興浸潤中外現代文學多年，含溫吐潤的結晶。這些論文雖非註解詳盡的學術論文，而且使用的閱讀策略，也以限制甚多的新批評方法為主，但是，為文對象既是一般文藝大眾或青年學子，則採用新批評細讀本文的策略，帶引讀者（聽眾）深入淺出，自能發揮其導讀入門的功效。

王文興散文的最大特色之一，便是每件事都要說出一番道理來才安心，而且頗有語不驚人死不休的意趣。因此，雖多是短文，讀來反而更能時有耳目一新的驚喜。除了對西洋文學評介的部分，因未有註解，無法逕作評估外，其餘諸篇類多如此。其中最能顯出王文興之洞察力的，應屬〈「士為知己者死」文學〉一文。本文的題目其實是一篇長篇論文（甚至一本書）的題目。作者大題小作，卻也恰到好處。文中王文興首先比較中西文學（文化）中的「殉死」的現象，指出中西由於宗教與哲學背景殊異，以致「殉死」的內涵與意義也甚不相類。西方在希臘精神與基督教文化的影響下，而有「殉道」、「殉教」、「殉國」、「殉情」等各類型之「殉死」。中國文化則由於儒家思想的主導，使得各類「殉死」都可以「士為知己者死」的原型來了解。由此假設出發，王文興對中國文學史上「士為知己者死」文學的典型——「殉友」的故事——做了一番巡禮，對其藝術表現的剖析以及文化意義的審定，都有耐人尋味的見地。

兩篇對於《聊齋》故事的導讀，則是《聊齋》研究上的重要里程碑。王文興以新批評細讀本文的方式，以廣義「寫實主義」的角度，對兩則《聊齋》故事，做了地毯式淋漓盡致的賞析。使得一般讀者得以體認，這些故事並不是輕薄的裝神弄鬼，對於真實與虛幻，人類與鬼神，自然與文化，表象與實質之間流動性的探討，才是其精髓。除了在賞析過程中予以兩篇故事的敍事技巧高度評價之外，王文興更在第一篇〈重認《聊齋》——試讀〈寒月芙蕖〉〉篇首，對於《聊齋》的文字藝術推崇有加。他認為《聊齋》文字運用的藝術成就，遠超過《紅樓夢》，原因之一，是因為《聊齋》使用的是文言文——「乃詩的語言，是白話文提煉而成，是白話文裡的精萃」。

文言文是不是「白話文的精萃」？是不是從「文字的文學功能」來看，確是「說什麼勝過白話文」？面對王文興在書中以慣有決絕的口吻如此的表示，深思的讀者不免要沉吟再三。職是，我們不妨把他在本書中另一篇文章中的文字觀，拿來做一比較。

在〈淺論現代文學〉這篇文章中，王文興指出文學藝術之時代風格，係美學觀念改變所致，而這種改變又非除舊立新，義無反顧的革命，而往往是「祖孫連成一氣，共同針對父親」的循環發展。文學風格變動的循環現象之一，便是作者所謂的「散體文學寫得像詩，詩則又寫得像散體文學」。中國文學之「從文而賦，從詩而詞，從文言而白話」莫不如此。若我們接受這種看法，則文言與白話之間，就無絕對的高下之分。推而廣之，我們甚至可以說，詩的（或文學的）語言並無本體性的存在。當我們要決定某一作品的語言是否是「詩的語言」，我們一定得——有意識或無意識的——參考許多因素（當代的口語，當代的非文學性文體，當代其他文類的文體，以及詩的語言的歷史發展等等）之後，才能決定。換言之，「詩的語言」是在比較的過程中產生的。準此，《聊齋》的優越性似乎就不在於它使用的是文言文，而應在於它使用的是「簡練明快的文言文」。

從本書一三七頁到一八〇頁的九篇書評，則展示了作者對當代中國文學的關心與洞察。諸文中要言不繁，一針見血的評語，總能使讀者如見原作，審其精華，察其缺失。評葉維廉之《憂鬱的鐵路》詩集時，突出其受王維、威廉．卡洛斯．威廉斯（William Carlos Williams）及日本俳句等影響，是所謂「思維詩」，是知葉維廉者。（唯「思維詩」之名稱略值商榷。此名稱想係英文Contemplative verse之中譯。但文中舉例，似與西方所謂Contemplative verse不盡相同。）序楊牧《北斗行》詩集時，謂此時期楊牧的語言已瓜熟蒂落，得心應手之語調既富個性，節奏也從容不迫，「像咬到一種特異的水果，其風味無法形容」，亦是識者之言。尤其文末以集內〈情詩〉一詩最後一闋，佐證楊牧語言之內在節奏，更是於平常語句中，見出楊牧精髓，令人會心。

評張曉風散文集《我在》，在這幾篇書評中可以說著力最深，也最能見出王文興對文字藝術的理念。他認為曉風這本集子中的文字運用靈活，能兼顧精確與流順，已具聲色之美，復又逼近不帶聲色境界。對曉風散文特色而言，可謂切中肯綮。但文末把「不帶聲色」之散文，仿顏元叔之例，比諸「科學類的散文」，似乎矮化了文學散文：儘把它硬納入科學散文「實事求是」的明白風格中，而削去了上品文學散文在「不帶聲色」之中，「聲色自在」的言外之境。此王文興驚人之語未盡周延另一例。

本節此後幾篇文章較偏向理念的探討。〈試論現代文學〉一文，最具創見與啟發性，前已論及，〈無休止的戰爭〉一文也值得注意。原因倒不只是其中義理有可觀處，而且更因為本文彰顯了王文興的創作及人生態度。文中流露的嚴肅、誠懇、謙遜，以及近乎孩子氣般的狂熱與執著，在在都可為後學楷模。

「影」的部分，作者的洞察與創見並不少於「書」的部分。第一篇〈電影就是文學──兼評世界名片大展四部電影〉，開宗明義點出了王文興對電影關懷與喜愛的角度──電影就是文學，也適切說明了電影與文學，如何有「就是」的等號關係。作者以戲劇是文學之例，說明電影雖有美術的成分，仍應算是文學。作者並舉大學文學系區分國界為例，證明電影、戲劇獨自成系，也不過如各國語文學系分立一樣，是人為的劃分。

同樣「電影就是文學」的説法，也出現在〈電影就是文學補語〉以及〈發展文學的捷徑——成立藝術電影中心〉兩篇「電影詩學」短文。對於藝術知覺（artistic awareness）還處於蒙昧時期的臺灣電影界而言，王文興當時以這種單刀直入，不容辯駁的語氣，指出我們應以對待文學的嚴肅態度，去要求、欣賞電影，頗有醍醐灌頂的啟蒙功效。不過，若能更明確的界定，到底他所謂「電影就是文學」意指「電影是脫胎自文學的一門藝術」，抑是「電影是文學領域中的一支」，或是「電影中有文學的成分」，則説服力應會更強。

此後各篇影評，都是新批評的「文學分析」方式對各類經典名作所做的賞析。但王文興的分析，又不是純粹文學式的分析。屬於電影獨特的美學範疇，如攝影、構圖、演技、剪接、配樂等，也都在他細讀的範圍之內。當然，這樣的影評比起時下説説故事，談談問題的影評，自是深刻精緻多矣。在臺灣影評界，這幾篇影評應該有典範的地位。

諸篇影評中，在理論方面有特別建樹者，是第四篇〈漫談風格——《巴黎．德州》觀後〉。本文指出「風格」就是「抒情風格」；而「抒情風格」就是「慢半拍」：「運鏡慢半拍，對話慢半拍，動作慢半拍，臉部表情慢半拍，配樂也慢半拍，這就是了。」以這樣的定義來界説「風格」，雖然不能完全令人滿意，但，正如王文興自己所言，讓人覺得也有八成道理。慢半拍所造成的「疏離感」，確能使人產生文學性的期待。這種期待與風格的塑造也確實息息相關。不過，王文興又指出，風格可與情節、人物、哲義等分開，只要風格本身「就是」內容，便是成功的電影。這個論點卻不是自明之理。文中所舉安東尼奧尼的影片（如《放大》），事實上風格與人物、情節、哲義渾然一體，並非如作者所言，是「以風格支持全片」的影片。而本文的討論對象《巴黎・德州》則雖然有各種「慢半拍」的風格上的優點，卻完全無法挽救其空洞的言情小說內涵。猶記電影最後一幕，男主角在旅館外某處獨立的一景（假如沒有記錯的話——因本片未曾想再看），構圖、攝影皆如王文興所言，完美至極，但筆者當時的反應與事後的感想，都是「浪費」與「造作」，因為影片的內涵實在撐不起這樣的構圖與攝影。這樣的一景，充其量只能當作孤立的圖畫欣賞。

本書最後一部分雖短而雜，卻也讓讀者充分的看到了作者人格的其他層面——抒情的、幽默的、宗教的等等。這一部分最令人著迷的是〈海上花園〉一文。文中描述作者幼時周日到鼓浪嶼大伯家喝下午茶的往事。寫來恬淡靜美，又隱約有一種神祕經驗般的鄉愁氤氳。應屬王文興所謂「不帶聲色」之作。

最後，還要特別一提的是，王文興自己在本書中所呈現的散文風格。本書中作者文體最突出的幾個特色是：（一）文白大量夾雜，（二）明顯歐化句法，（三）逗點誇大使用。前二特色一般而言，運用自然，不落痕跡。第三點的效果則頗值討論。據筆者揣測，逗點大量使用的原因之一，是為了製造「慢半拍」的抒情風格，一個平常一句到底的句子，多用一兩個逗點，確能製造延宕舒緩的效果，但有時逗點使用過度，卻會產生如音樂上由「切分」（Syncopation）所造成的某種急促感，使讀者喘不過氣來，如一五九頁「牠們的意思等於是說，心中有一種，自童年以來，擬施放風箏，卻未得如願，的遺憾，或者，是說，做夢當時的，內心中，對，某一種大自由，之黯望，嚮往」便是一例。

總之，本書使王文興從他的小說背後走了出來，變成了一個表情豐富的、活生生的人。書中的義理也可提供取之不盡的思考泉源。就增益文化與啟蒙大眾這兩方面的功能而言，本書遠超過一般對一本雜文集的期望。對於喜愛王文興的一般大眾，或是研究王文興的專家學者，本書是不可多得的資財。

原刊《文訊》四〇期（一九八九年二月）

廖咸浩（一九五五～），史丹福大學比較文學／亞洲文學博士。曾任中華民國比較文學學會理事長、臺北市文化局局長等。現為臺灣大學人文社會高等研究院院長、外文系特聘教授、中華民國筆會會長。曾獲科技部「傑出研究獎」等。創作文類以散文、論述為主。

# 尋找已失落的悲、喜劇

## 讀焦桐《台灣戰後初期的戲劇》

◆葉石濤

台灣戰後初期的戲劇
焦桐・著
臺原出版社
1990年6月

我本來是以寫小說為終生事業的一個人，雖然在六〇年代到八〇年代，大約有二十多年的時間，為了了解臺灣文學的發展情況及確立其自主性地位，研讀了臺灣文學，寫了無數篇評論文章，最後勉為其難地寫成了《台灣文學史綱》，但始終耿耿於懷的是，由於搜集資料的困難和個人能力的限制，未能把文學領域的一環的戲劇有系統地納入《台灣文學史綱》裡去。這不但是對奉獻犧牲的臺灣戲劇工作者的大不敬，而且是構成《台灣文學史綱》的致命缺陷。

焦桐先生新近出版的《台灣戰後初期的戲劇》，剛好補償了我心裡的遺憾，同時此書翔實的資料和科學的闡釋，都給未來有志於撰寫臺灣文學史的學者帶來前瞻性的啟示。

焦桐先生的這本書，針對著三百多年的臺灣歷史中最富關鍵性的終戰前後的時空為背景寫成，大約以四〇年代、五〇年代的臺灣戲劇運動為主。儘管如此，要描述四〇年代、五〇年代的臺灣戲劇，必須懂得整個日據時代以及有關大陸抗戰時期的戲劇活動的脈絡才行。簡言之，如果缺少有關日據時代臺灣人民反日抗議運動的思想、文化背景的深刻了解，以及大陸抗戰時期國共兩方不同的意識形態如何反映在戲劇活動的現實的話，也就無從闡明四、五〇年代臺灣戲劇運動的本質。

焦桐先生的這本書，最值得推崇的一點在於他始終堅持站在臺灣民眾的立場上來評估四、五〇年代的戲劇運動的真相。這本書令人心折的地方就在於作者處處從當時的臺灣民眾的處境和意願出發來剖析每次戲劇活動的功與過。事實上，唯有這樣的立場，才能使各種戲劇形態落實在臺灣民間，跟臺灣民眾打成一片。

戰前，臺灣戲劇運動是屬於臺灣新文學運動重要的一環；而臺灣新文學運動是亦步亦趨地跟著反日抗議活動而展開的。因此，日據時代的戲劇創作跟臺灣新文學其餘領域的文學作品一樣，有濃厚的寫實主義傾向和反帝、反封建色彩。臺灣文化協會所推展的各種新劇的活動和演出都充分表現了這種思想背景。

焦桐先生的這本書第一章第一節〈終戰前的戲劇活動〉裡所提到的王井泉、張文環、林摶秋、呂泉生等人所組織的「厚生演劇研究會」在「永樂座」演出的《閹雞》一劇，正是反對皇民化運動，充分顯示臺灣漢人文化意識形態的一齣戲。這齣戲完全反映了臺灣民眾現實的生活，在音樂、布景和意識形態上，充分流露出臺灣人的抗議精神。

焦桐先生是戰後出生的作家，他能靠有限資料，一針見血的指出《閹雞》和楊逵底《怒吼吧，中國！》演出背後的反日、反皇民化，反戰的意識，實在難能可貴。

其次，雖和戲劇活動的本書主題脱節了一些，但焦桐先生對於二二八前後臺灣戰後初期社會的政治、經濟、文化、思想的分析有獨樹一幟的精闢見解。從第一章第二節〈戰後的政治與社會〉，第三節〈戰後的本土劇運〉的描述，我們可以看到陳儀執政下的被欺凌、被壓迫、民不聊生的臺灣民眾的生活動態。雖然在這樣三餐不繼，苛政如猛虎的狀態下，臺灣民眾仍然努力於維持一定的文化水平。

一九四五年九月，臺南學生聯盟會中的戲曲研究會在臺南市「宮古座」前後演出了《偷走兵》、《新生之朝》、《幻影》、《鄉愁》等話劇。這是戰後第一次創作戲劇的演出，由後來流亡日本，客死異鄉的王育德博士親自撰寫劇本，親自演出。當時，我也參加過這個活動，也寫了劇本提供，惜未被採用。許久以來，我從沒有看過，有關這次演出的記述，卻在焦桐先生的這本書裡找到具體的紀錄，這的確令人驚奇。附帶一提的是這些話劇是用臺灣話演出，不同於戰前皇民化運動的壓迫下被迫不得不用日語演出的《闔雞》。

在日據時代的臺灣新文學運動裡，自從臺灣文化協會鬧分裂，農民組合的抗議活動日趨激烈的時候，大部分的臺灣作家未可避免地接受了社會主義思想的薰陶，大約，左傾思想是契合當時臺灣社會反日抗爭最有力的精神武器的關係。戰後的民不聊生和軍閥式統治形態剛好提供了左傾思想的溫床。

「聖烽演劇研究會」在臺北市中山堂演出的《壁》，正是代表了臺灣新文學運動中的另一條思潮的左傾思想。這獨幕劇的演出，影響力很大，幾乎席捲了整個臺灣，當時龍瑛宗主編的《中華日報》日文版文藝欄也出現了好幾篇劇評，包括吳濁流的日文隨筆在內。《壁》劇的影響深遠，後來戰後的年輕知識分子逐漸左傾，在五〇年代遭到無情的肅清，多少和《壁》的演出有關。可見，戲劇是直接訴之於人類心弦的創作活動，它的影響力也許比小說來得更勝一籌。

第二章的反共抗俄劇，不僅僅是描述了五〇年代的戲劇活動，焦桐先生很有力地勾勒出整個五〇年代反共文學形成和推展以至於沒落的流程。焦桐先生指出，五〇年代的反共戲劇是和臺灣的現實脫節，不具有任何真正反共哲學的荒謬掙扎。由一群不懂中共本質的文人憑幻想創作的反共劇，是可怕的噩夢。焦桐先生從抗戰時期流行的街頭劇來分析國、共雙方劇作家的表現，而論及反共劇暗藏的盲點，都有中肯的撻伐。

本書的壓卷之章，當是獨闢一章專門討論楊逵戲劇作品的第三章「本地劇作家楊逵」了。

楊逵本來是信奉山川均主義的社會主義者，他的創作活動是他底思想的學習和實踐的過程。所以容易和民眾打成一片的戲劇創作及演出也是他一輩子所嗜好的。我曾經幫忙過他的《牛犁分家》在高雄地區的演出。

他的戲劇的主題淺顯易懂，極容易被一般民眾所接受。正如焦桐先生所說，楊逵的戲劇主要表現的是他的烏托邦思想。而這烏托邦便是社會主義的理想境界。其實和《禮記》的〈大同篇〉的意義似是而非。楊逵只是巧妙地利用了〈大同篇〉的構想罷了。

焦桐先生由於某種顧忌，把楊逵的左傾思想略而不提了。附錄的〈戰後台灣戲劇年表〉是力作。光這一篇附錄的完成，就應該給焦桐帶來無上的榮譽才對。

這是一本當代年輕學者落實於本土，腳踏實地的著作。我們慶幸臺灣新一代學者和作家回到本土的主題來。超越禁忌，掙脫束縛的腳鐐，闡明被埋沒已久的臺灣文化思想體系。

原刊《文訊》六〇期（一九九〇年十月）

葉石濤（一九二五～二〇〇八），臺南師專特師科畢業。曾任《文藝臺灣》助理編輯、文化復興運動總會副會長、總統府國策顧問等。曾獲國家文藝獎、行政院文化獎、臺美基金會人文成就獎等。創作文類以小說、評論為主，《台灣文學史綱》為其代表作。

# 自主的文學・世界性的視野

## 評張恆豪主編《台灣作家全集》

◆呂興昌

台灣作家全集・短篇小説卷
日據時代（10冊）
賴和等著；張恆豪主編
前衛出版社
1991年2月

籌畫多年的《台灣作家全集》短篇小說卷，終於在今年春天由前衛出版社精印發行。這套預計出版五十冊，且將繼續增編的全集，首先推出的是張恆豪主編的日據時代一函十冊，計收錄小說家十七人，他們是：賴和（第一冊）、楊雲萍、張我軍、蔡秋桐（第二冊）、楊守愚（第三冊）、陳虛谷、張慶堂、林越峰（第四冊）、王詩琅、朱點人（第五冊）、翁鬧、巫永福、王昶雄（第六冊）、楊逵（第七冊）、呂赫若（第八冊）、龍瑛宗（第九冊）、張文環（第十冊）。

從這份作家名單看，日據時期的重要臺灣小說家，已經完全網羅其中。至於入選作品的寫作或發表年代，由於有些作家本人在戰後仍有重要作品問世，以致並非全屬日據時期，如王詩琅、楊逵、呂赫若、龍瑛宗等集，便分別收錄了若干戰後的小說，因此就斷代而言，並非一成不變，而是兼具彈性處理，像《龍瑛宗集》便收錄有戰前、戰後初期與八〇年代三個階段的作品。

臺灣新文學運動肇自二〇年代，發展迄今已屆七十星霜，過去的四十多年，由於莫名其妙的政治因素，再加上缺少良心的教育體系的故意忽視，遂使日據時期此一新文學的早期階段，鮮為國人所知，以致戰後出生的世代大都以為，臺灣新文學須待五〇年代的大陸人士前來播種，殊不知在此之前，許多熱愛臺灣的前輩作家，不懼日本殖民強權之壓迫，早已勤勤懇懇耕耘了四分之一個世紀的時間，他們的作品歷經萌芽奠基、成熟到戰爭期三個階段，以反抗資本帝國主義的殖民統治為思考起點，再加上對半封建社會的反省批判，成為第一次大戰後整個新興的世界文學趨勢的一環。就此而言，他們與同一時期的中國文學之發展原是同步進行的。可是，由於政府遷臺後的封閉性統治，五〇年代以後受教育的臺灣子弟，非但無法了解海峽彼岸的中國文學，連在本土滋生成長過的日據時期臺灣新文學也茫然不識，形成嚴重的內外斷層。一直要等到七〇年代末期，經由有心人士的挖掘整理，大家才慢慢發現，臺灣本土文學所遭受的忽視與扭曲有多嚴重。因此，李南衡主編的《日據下台灣新文學》五冊，鍾肇政、葉石濤、羊子喬、陳千武等主編的《光復前台灣文學全集》十二冊，便成為探尋臺灣新文學本來面目不可或缺的文獻。不過，這兩套大書由於發行於解嚴之前十多年，在資料蒐集與觀點詮釋方面仍然有它的時代局限，醉心臺灣新文化的林文欽有鑑於此，乃發願邀請年輕一代治學極為嚴謹的學者，編成《台灣作家全集》，使臺灣文學資料除廣度外，又向深度邁開歷史性的一大步。

異於前兩部套書的是，這套全集全以短篇小說為主體，以作家個人為單位，涵蓋二〇年代至九〇年代的主要作家，誠如〈出版說明〉所謂的，對於「縫合戰前與戰後的歷史斷層，有系統地呈現現代文學史上臺灣作家的精神面貌」，將有莫大的貢獻。底下僅就目前已出版的「日據時代」十冊略作詳述（以下簡稱《日據全集》）。

## 一、臺灣文學的定位

《光復前台灣文學全集》小說部分的主編是鍾肇政與葉石濤，他們在〈出版宗旨〉裡提及：日據下的臺灣新文學運動，不僅是中國抗日的民族文化鬥爭的一環，而且也是臺灣思想史上的一個啟蒙運動，它在中國近代的新文學史上，實具有不可磨滅的意義。葉石濤在〈總序〉裡也委婉地把「臺灣意識」這代表臺灣文學特質的觀念，定義為居住在臺灣的中國人的共通經驗。我們非常清楚，鍾葉二氏對臺灣文學的主體性之強調，是有目共睹的，因此在解嚴之前的時代裡不得不爾的迂迴敍說，我們也能完全了解其苦心，從而也讓我們對威權統治下文人所受到的壓抑與箝制，有了更深刻的印象。到了《日據全集》出版，鍾肇政的〈總序〉便不再閃爍其辭，它開宗明義便說：臺灣文學是臺灣本土的文學、臺灣人的文學，是世界文學的一支。並且指出長江黃河之思的空幻性，不再把臺灣文學定位於中國文學之下，轉而思考臺灣文學本身的獨立自主性。這種鮮明的編輯觀念，使我們面對先賢文學業績時，能夠堂堂正正地揭掉過去諸如「外地文學」、「邊疆文學」或「在臺灣的中國文學」等帶有侮蔑性的標籤，然後進一步地去與生斯長斯的他們相互共鳴。

## 二、世界文學的視野

前文提到，鍾肇政強調臺灣文學是世界文學的一支，此一觀念的提出有其特殊的文學史意義。過去，有些論者一見「臺灣文學」這個術語，常會神經過敏而不假思索地判定它是地域主義作崇的產物，是一種自我窄化的偏狹觀念，事實上，強調「臺灣文學」是否即表示偏狹的地域主義，必須從具體的作品中去驗證，不能只憑武斷的意識形態的宣告。就此而言，《日據全集》透過每一作家專集正文前後所附的〈序〉與作家評論，精簡地勾勒出臺灣作家所具有的世界眼光。例如〈賴和集序〉說日據時代臺灣新文學運動，是與國際間弱小民族的反抗文學思潮，以及歐美作家追求人性解放及社會解放的進步文學思潮同步發展；〈王詩琅集序〉指出王氏受到托爾斯泰、契可夫、福樓拜、莫泊桑與魯迅的影響；〈翁鬧集序〉引劉捷的話說，翁鬧的思想受杜思妥也夫斯基影響，寫作技巧則受日本純文學派之感化；〈反殖民的浪花〉描述王昶雄推崇法國自然主義大師左拉，覺得遺傳學和環境論的科學實驗精神，對王氏有很大的啟示作用；〈放膽文章拚命酒〉引述林梵的研究說，影響楊逵的首先是日本社會主義運動，其次是臺灣本島文協的「左右傾辨」，再者是中國大陸南方國民黨的新興力量，也就是國共合作時期所宣稱的共產主義；〈呂赫若集序〉指出，由於受到俄法寫實主義及自然主義的影響，呂赫若的文學，特別興味於瑣細的敍述手法及客觀的形式控制，透過冷酷的筆觸，剖析農業經濟過渡到工商經濟中個人和家庭的困境；〈龍瑛宗集序〉指出龍氏的文學教育受到法俄寫實主義、自然主義、現代主義及日本感覺派的影響；凡此皆說明臺灣作家放眼世界的特性。

## 三、卓然成家

如果說《日據下台灣新文學》與《光復前台灣文學全集》二書的出版，具有全面介紹日據時期臺灣新文學之事實存在的意義，那麼《日據全集》則進一步指出這些事實存在的文學作者中，至少有十七位業已卓然成家，值得現代的讀者、評論家與文學史家密切注意。我們知道，要從事文學史的撰述，固然需要許多條件的配合，但其中最重要的應是具有多元面向的作家論作為基礎，而作家論之能客觀地成立，又有待作家代表性作品的廣為蒐集，深入探討，就此而論，《日據全集》確實給研究者提供了極大的方便。再從具體的研究現況觀察，《賴和集》所附評論引得有四十三種，《楊逵集》則高達一五五種，二者都因早有專集問世，以致研究者特別多，如今其他十五家專集既已出版，可以預見的是臺灣文學研究另一個熱潮的來臨。

## 四、資料新增

《日據全集》中最值得注意的是《呂赫若集》，此集除〈冬夜〉發表於戰後外，其餘全都作於戰前。《光復前台灣文學全集》收有呂氏〈牛車〉、〈清秋〉等七篇小說，《呂赫若集》又選入新譯的〈暴風雨的故事〉等九篇，總合二書，呂氏小說幾已囊括其中，這些新資料的漢譯，對於研究呂赫若的作品，當貢獻極大，有待學者進一步的論述。其他如《楊守愚集》，除收錄《光復前台灣文學全集》與《日據下台灣新文學》二書的二十篇小說外，另又增補了十四篇，其中〈退學的狂潮〉、〈慈母的心〉二篇更是手稿，彌足珍貴；此外《龍瑛宗集》也新增了二篇，《張文環集》補入四篇；《蔡秋桐集》所增加的四篇中，〈放屎百姓〉只有上半部，原載《臺灣新民報》，下半部卻被日本當局開了天窗，此次收入全集，特別具有存真的歷史意義。凡此種種，都說明了編者在蒐求作品時，的確煞費苦心，令人感佩。

## 五、附錄評論與引得

《日據全集》各家正文之前，均由主編張恆豪撰寫導讀性的「集序」，正文之後再附以較深入的作家評論，此外尚有評論引得、寫作年表，不僅對一般讀者幫助匪淺，連專業學者也能從中獲益，這也是這套全集值得重視的另一特色。

## 六、幾點建議

《日據全集》的特色及其意義，已如上述，底下再提出幾點建議，希望這套全集日後增編時，能夠更臻完善。

首先，全集應有編輯凡例，說明作品去取的標準，它們到底是以文學史的意義或是以藝術成就的價值而被編入？

其次，就研究者而言，戰前臺灣文學資料至為難得，收錄自應多多益善，然而囿於人各一集的限制，遂不免有遺珠之憾，如龍瑛宗一共發表了廿三篇小說，此集卻只選錄七篇，殊為可惜。筆者以為，將來如有機會增編，實可考慮視情況需要，打破一家一集的成規，這樣，對戰前臺灣文學資料的保存，應當更有意義。

再者，戰前文學以日文發表者非常多，為了讓不諳日文的讀者能夠對那一階段的文學現象，有更完整的認識，持續漢譯的工作自然有極迫切的需要；筆者衷心盼望，已在這套全集卓有貢獻的譯者，能再擴大他們的影響力，聯合目前精通漢和兩種語言的有心人（尤其是跨越語言的一代），集體合作，早日把這階段的文學遺產，全部予以翻譯，這對臺灣文學史的重建，意義之重大，實非筆墨所能形容。

原刊《文訊》六九期（一九九一年七月）

呂興昌（一九四五～），臺灣大學中文系碩士。曾任清華大學中文系教授、成功大學中文系教授與臺文系教授兼系主任、賴和文教基金會董事等。研究領域以臺灣文學史、臺灣文學田調、詩論、臺語文學為主。

# 為自己的靈魂找厝

## 評王幼華的《土地與靈魂》

◆彭瑞金

土地與靈魂
王幼華・著
九歌出版社
1992年2月

一

王幼華的《慾與罪》出版時，我曾經以「探索的、反叛的飄泊者」形容他的小說世界，暗示作者當時面臨諸多自己挖掘出來的疑惑、難題，苦無祕方、良藥可解，而以反叛掩飾疑惑，以飄泊自我流放。依我觀察，那個時期（一九八五年）的王幼華對時代、人生的愛憎非常分明，他把它當作生命的原罪來探索，並且也認為，現實世界裡的惡都緣自割捨不去的慾念的纏繞糾葛，因此，有過一段很長的寫作歷程，是在追索這些事項的答案，而試圖建立起一套屬於自己的解釋方法。在整理、調整的過程中，有人以「亂石巨川」形容它，有人以「自棄」、「亂流」或「意識的解放」來修飾刺眼的「反叛」；不過，只要試著了解王幼華在闡釋「惡徒」裡的意識，或者他寫〈狂者的自白〉的心情，甚至他用來自況的〈超人阿Ａ〉，便會發現這樣小心謹慎的措辭是完全沒有必要的。

可以這麼說，王幼華從不避諱他的文學裡的顛覆本質。他並不忌諱表示自己具有超人一等的文學視野以及高人一等的藝術表達能力，也不遮掩對學界、報界氣格卑微、器識短淺的無奈。舉證這些，不是有意挑撥離間、煽風點火，只是證明王幼華作品的「顛覆」，原只是不必費心去美化的本質，也是不可被忽略的一項觀察。從「罪」的自覺意識開始，王幼華就有心探索生命最源頭的東西，而顯得困惑不已，而有哪吒故事裡挑骨剔肉還親的贖罪暗喻（見〈狂徒〉），進而他再尋求社會的諸樣像，去探索現實的惡源罪泉，在他那所謂「世界性眼光，有對全人類寫作的野心」的自我寫作期許裡，很清楚地顯示他那有如文學狂人的自白，旨在顛覆一個讓他鄙薄的「世界」——我想既是人生現實的，也是文學的。只是，還好這一切都從他自己開始，只是從文學開始，不致令人過分突兀。

二

《慾與罪》出版後，王幼華「專力於長篇《廣澤地》的寫作」，以及寫〈龍恩海灘考古記〉、〈東魚國的馬拉虎〉等短篇，還有十二萬字的長篇《土地與靈魂》，顯示王幼華對結束飄泊、流浪的呼籲已有了正面的回應。我在《慾與罪》的評文中質疑道：「在意識上成了飄泊的流浪者，思索、懷疑、否定、棄絕、不滿、不屑之餘，狂者的自信，能夠穿透人生的層層風浪嗎？……還要再流浪、飄泊下去嗎？」並且建議：「是否該勇敢地站起來接受過去一直拒絕接受的，來自歷史、血緣、現實——靈魂深處的呼喚？」先此，王幼華表示在寫作《兩鎮演談》、〈妄夜迷車〉、〈東魚國戰記〉的階段（一九八四年），便「對臺灣命運有深切的關懷與思索，……廣讀有關臺灣史料，自信比大多數人了解臺灣，並以世界性眼光思考臺灣。」而且說，經由「對臺灣的深入探討，找到自己的定位，信心增強。」我並不懷疑王幼華這番自白的真實性，但以《兩鎮演談》的內容來看，作者試圖以一個聚合各期住民的市鎮生活來衍說臺灣社會現實的努力，仍然顯得相當生澀，也有許多放不開，誠如王幼華在〈臺灣外省籍作家的文學及處境〉一文中所分析的：無論是第一代、第二代外省作家，有擺脫不了的流浪感，有著深沉的鬱悶感，一旦能夠遠走高飛就絕不再回來，「這種缺乏土壤的根的作品，最容易受到時代變遷而消失」。同樣的，我也同意自認是第三代外省作家的王幼華所分析的：八○年代的臺灣青年一輩作家沒有仇恨的負擔，政治天空已較清朗，已經在融合的基礎上出發的說法。

這裡，我們不必急著判斷王幼華在《廣澤地》之後的寫作成果在自我文學理論實踐上的成績，應是多注意他在寫作方向上的調適，不管王幼華的證言是否嫌誇張，若以《廣澤地》為例，他的確做到了將自己的寫作調整到貼近臺灣的土地發聲了，許多來自現實的疑慮，以及第二代外省移民的背負，都明顯地釋然、減輕了，王幼華在自己的分析中也說道：八○年代是一個寬廣、多元化的社會，有著自己標準、看法、觀念的作家寫著自己的文章。「本土」與「外省」之間都能持著寬容、接納、充滿善意的描述對方。對王幼華而言，「第二代外省移民」的十字架，始終是他的文學最大的馱背，也正是他早期長年探索、反叛、飄泊的潛在心理因素，從《廣澤地》與〈妄夜迷車〉，我肯定王幼華相當努力將他所了解的臺灣，以寬容、善意、融合的立場表達出來；不過，刻意融合「外省」、「本土」的努力，正如禪家流通的老和尚揹美女過橋的故事，船過水無痕、事過境遷之後，反而是事不干己旁觀的小和尚，把此事擱在心上念念不忘好幾天。寫了這麼多題外話，不是多餘的，這是試圖了解王幼華的近作《土地與靈魂》在他整個寫作歷程遞變上的重大意義的唯一途徑。

三

《土地與靈魂》是根據一段真實的臺灣土地開發史演義的小說，對王幼華而言，這是他作品中，難能見到的完全脱離「本土」、「外省」夢魘糾結的具有嶄新風貌的作品，是完全的臺灣故事，為他所説的「自信比大多數人了解臺灣」提供具體的見識，也證明了他真的放下了省籍意識的包袱，停止探索、質疑、飄泊和流浪。《土地與靈魂》根據描述土地和土地上面發生的故事，徹底抛開傳奇寫作的意圖，從最平實的故事和紀錄裡，足以膠定一個作家的寫作信念，放棄流浪，總是極為珍貴的發現，這便是我肯定《土地與靈魂》在王幼華寫作歷程中具有非凡意義的理由。

比較起來，《土地與靈魂》在王幼華的作品中，是最樸素的，筆端也是最冷、最淨的，我不知道，作者是否受到「忠於史實」的羈絆，我首先體會的是嚴肅的土地觀的陳述，在這裡，透過人與土地關係的新解釋，而打開臺灣歷史新的面貌；過去，我們從臺灣歷史素材小說中看到的是，土地被當作爭執、評判的基礎，而有侵略者與被侵略者、掠奪者與被掠奪者之分野；《土地與靈魂》則試圖打破這種成規，以人對待土地的態度來判定誰是土地的掠奪者和誰又是疼惜土地的人。而沒有種族或膚色的固定優先次序，更沒有先來後到的區別，更遑論政權的象徵意義了。

《土地與靈魂》描寫因船難而積欠船公司債務的英國籍荷恩船長，為了解決船公司的追索，帶著劫後餘生、和他一樣富有冒險精神的船員以及信服他的漢人、原住民到噶瑪蘭、大南澳開墾。荷恩夥同被漢人驅趕的原住民，來到人跡罕至、無數巨木環繞的美地，用黏板岩堆建堡壘、蓋房子、闢道路，設隘寮募隘勇自保，建立一個嶄新的生活天地，並娶原住民女子高春風為妻。所謂「離開漢人地界，找尋一處美好之地，以我們的力量去開發，賺取合法的利益，謀求眾人的幸福，將是我們奮鬥的目標。」雖然他們也按官方的律令請領開墾執照，接受百分之十五的貨品課稅，但他們努力勞動、生產，與大地的關係是諧和的，與「熟蕃」的想法也是一致的，對「生蕃」也放棄對立。反觀住在街道上的漢人，就欠缺這種知足了，他們不但排斥洋人，驅趕原住民，即使漢人間，漳州、泉州不同來源的漢人也是械鬥不止，地方上的富戶勾結官吏、欺壓善良、搶奪別人的墾地，私通洋行、外國領事，搜購槍彈火藥，擁兵自重；官吏則勒索、敲詐，用以賄賂福建督撫，以便升官調離這個島。透過王幼華所詮釋的土地觀，我們看到歷史圖像的重組，這裡沒有漢人與原住民或洋人的衝突，也沒有統治與被統治、以及先來後到的衝突，只有以土地為座標，如果以箭頭記號表示，而有箭頭朝內與朝外的截然分野，有人背離土地走——四、五百年的巨木不眨眼地砍了走，有人向土地滴汗水——荷恩的想法是：「這是個荒地，沒有主權的土地，任何人都可以來開墾，這是上帝賜予人類的土地。我們有權利擁有它。他們並沒有在這裡流過一滴汗。」荷恩的汗水權利論雖然無法支持他的「為自己的土地和尊嚴」之戰，而理想遭到覬覦他們利益的掠奪者粉碎。不過，這個以噶瑪蘭開發史實為背景的真實故事，的確經由作者的筆有了新貌。我認為這是《土地與靈魂》中最值得注目的一點。

## 四

翻翻臺灣新文學運動史，小說創作向臺灣歷史貼近，對許多著名的成功小說家而言，都是他們創作生涯中重要的奮身一躍，對背負著外省新生代作家十字架的王幼華，此一舉動尤其不尋常，還好王幼華的臺灣歷史小說不是師人故技，他全新、建設性的土地觀，可以說敬謹而負責地把握了自己的角度發言。《土地與靈魂》是王幼華為自己的創作靈魂找厝，我認為他找到了。

原刊《文訊》八一期（一九九二年七月）

彭瑞金（一九四七～），高雄師範學院國文系畢業。參與《文學界》、《文學臺灣》創刊。曾任高中國文教師二十七年，靜宜大學臺灣文學系所主任、靜宜大學臺灣研究中心主任，臺灣筆會理事長等。曾獲臺灣文化獎、教育部文藝創作獎、客家貢獻獎等。研究領域以臺灣文學史、文學評論、臺灣客家文學、臺灣原住民文學為主。

# 甜夢和惡夢之間

## 讀劉以鬯先生的《島與半島》

◆陳德錦

島與半島
劉以鬯・著
香港獲益出版公司
1993年7月

劉以鬯先生的新著《島與半島》剛剛出版了。這部十五萬字的長篇小說，並不完全是劉先生的「新作」：它原本連載於二十年前的一份晚報，篇幅是六十五萬字，劉先生刪去了四分之三，今天所見的版本，已經過大幅度的修訂。正如劉先生另一篇小說《對倒》一樣，我們所讀到的是一個濃縮的版本。

讀《島與半島》，很容易感受到一種濃厚的本土氣息。作品寫於一九七三年，題材正是一九七三年前後香港的社會實況。整部作品貫串了香港節、工展會、聖誕燈飾、劫案、制水、燈火管制、股市崩潰、通貨膨脹、經濟衰退、失業、色情和暴力文化氾濫等現實事件和社會情態，再現了七〇年代初期香港的社會生活。超過三十歲的香港人也許已淡忘了這段香港的歷史，因為大部分社會狀況已經改變，但小說的背景，可說是戰後香港所出現的另一個「艱難時代」，也是香港逐漸蛻變到後工業社會的一個轉型時期。七〇年代的香港人，生活逐漸穩定，經濟條件比較充裕，開始追求更富裕、更安穩的生活。可是表面上的經濟富裕並不能掩蓋香港所面對的問題，作為一個國際城市，香港受到國際性的經濟衰退、石油危機的影響。此外，因社會和經濟形態的轉型，又出現了來自自身的問題（房屋、治安、貪汙、自然資源短缺等），香港人面對的是一種尋求歸屬感而又顯得無奈的處境。

從炒股到股災，從通貨膨脹到公司裁員，《島與半島》所寫的，是一群普通的香港人追求富裕和安穩的「甜夢」和「惡夢」。小說中沙凡的朋友韋劍標正想把資金從動盪的泰國撤回香港之際，沙凡另一個朋友杭占雨就因投身股票市場，不幸成為追求安穩夢想的犧牲者。另一方面，緊隨社會富裕而出現的犯罪活動則越見猖獗，而諷刺的是，代表著香港繁榮安定的「香港節」依然繼續舉行，享樂主義麻醉著每一個追求繁華的香港人，但表面的繁華怎樣也遮掩不住各種一觸即發的危機。工業原料的短缺影響工業生產，使大批工人面臨失業的困境；公職人員的貪汙作風使治安無法好轉，犯罪活動無法撲滅；沙勇被劫匪打劫，沙太在百貨公司給打荷包。自然環境的限制使香港經常出現制水的恐慌，而風暴帶來的災禍使人猶有餘悸。

不過，因為富裕和安穩的「甜夢」仍在，香港人普遍不能自覺危機的迫切，更難以改變現狀，只能無奈地接受。色情和暴力文化無孔不入，使沙勇成為那種只懂追求潮流、思想能力薄弱的時代青年。他希望在課餘賺錢，但僱用他推銷洗衣粉的公司何嘗不是利用他去賺錢？再如沙太因恐懼制水而屯積水桶、因恐懼漲價而狂買廁紙，也充分表露香港人那份無奈的心態。沙凡雖然是一安分的人，最後亦不能倖免於被解僱的命運。《島與半島》不但充塞了這種介乎於「甜夢」和「惡夢」之間的迫人氣氛，而且刻畫出香港人對香港本土愛恨交加的矛盾心境。

《島與半島》的藝術力量也在此，正如劉以鬯先生其他小說一樣，人物緊扣住現實，社會意義十分明顯。《酒徒》的背景是六〇年代，當時香港經濟仍未穩固，文化人的地位也很低。《陶瓷》的背景是六〇年代後期，香港社會開始富裕起來，而《一九九七》則已處理八〇年代的香港問題。在劉以鬯先生的創作歷程上，《島與半島》再現的是介於《陶瓷》和《一九九七》之間一段香港的歷史。這段歷史不能只看作是一頁過去的現實，小說更重要的是記錄了香港人一頁心靈史。

這不能不稱讚劉以鬯先生高度的藝術概括能力。《島與半島》的人物性格無疑平凡，但通過他們對現實的反應，每每能顯出其典型意義。若拿《島與半島》同《酒徒》、《對倒》比較，前者顯然不是一本刻畫性格的小說。在《酒徒》和《對倒》裡，「內視域」（internal perspective）技巧的大量運用增加了讀者對人物內心世界的透視。這一類作品，總有一些核心事件扣住人物性格的發展。《島與半島》則顯然不是運用這種視點來寫作，正如劉先生在自序中所說，它的情節缺乏內聚力，以文體而論，也不同於「新聞小説」或「紀實小説」。我覺得《島與半島》是一部有獨特技巧的小說，使我想起劉先生另一個短篇〈鏈〉。在〈鏈〉裡，不同的人物和事件給串起來，呈現一個特殊的社會面貌。在《島與半島》裡，現實事件的安排就具有鏈狀關係，技巧則用自然流暢的「鎔接」方法，盡量不露「剪接」的痕跡。一件接一件性質相異的事件合起來，呈現一個整體的社會面貌。這種結構方法可說是劉以鬯先生所獨創的。

在這部小說裡，劉以鬯先生並沒有完全放棄他擅長的心理分析技巧。讀者在小說中重溫了七〇年代的社會事件，這些事件信而可徵，不單是作者有意運用實錄的方法處理所致，更重要的是作者能從沙凡的心理角度來呈現這些事實。讀者可以發現，書中個別的篇章是由大量新聞標題、片段的引語和重複的文句剪輯而成。這些篇章，其實正可看作是由主人翁沙凡的「內視域」折射出來的（如第二章、第二十四章），它的結構方式顯然經過細心的安排，比如第二十三章，並置的陳述就能達到諷刺的效果。

《島與半島》寫於二十年前，二十年後再整理出版，就香港文學來說，更另有一番意義。著名小說理論家布斯（W. Booth）指出，在任何小說的本文裡，都可以覺察到一個「講述者」（narrator）或「隱含作者」（implied author）。閱讀這部小說，很容易感到作品裡的「隱含作者」有很強烈的社會意識和憂患意識，已不止在「娛樂別人」或「娛樂自己」了。劉以鬯先生說要「給香港歷史加一個注釋」，這個意圖已經達到了。讀者可以通過小說來閱讀香港、理解香港，不正是香港文學一個主要的特色？

原刊《文訊》九七期（一九九三年十一月）

陳德錦（一九五八～），香港浸會大學哲學博士。曾發起組織「香港青年作者協會」，並任該會主席及會刊《香港文藝》主編，曾任《新穗詩刊》主編等。曾獲青年文學獎新詩組首獎、香港中文文學雙年獎等。創作文類以散文、詩、小說為主。

# 都來採茶滿山香

## 從族群融合觀點看鍾肇政主編《客家台灣文學選》

◆張堂錡

客家台灣文學選（1、2）
鍾肇政・主編
新地文學出版社
1994年4月

隨著臺灣政治氣候的萌發變動，特別是八〇年代後期的解嚴，以及報禁黨禁的相繼廢除，本土化的呼聲響徹雲霄。在文學上，這種政治上的鬆動也得到了相當明顯的反映，「臺灣文學」的建立——首先自然是文字工具本土化的渴求與實踐——已獲得普遍的重視。

在「臺灣文學」的旗幟下，臺灣各族群的母語文學，包括原住民語、福佬語、客家語，都已有不少作家在開始摸索、嘗試，企圖走出一條結合母語與族群特性的道路。在這方面的努力成果而言，原住民由於有九種不同部族，語言相異，因此要建立各族的母語文學恐怕尚需一段時日。而福佬語文學，由於較早有作家在這方面嘗試創作，因此質量比較可觀。客語方面則遲了一些，但近年來在有心人士的銳意經營下，成果已逐漸呈現。

「客家文學」的定義，正如「臺灣文學」的定義一樣，至今仍糾纏不清，在寬嚴不一的標準下，往往有其不同的意義指涉。例如所謂「客家的」，即包涵了身分是客籍、作品語言使用客語、作品內容具有客家意識等不同層面的意義。不過，在現階段保存及發揚族群母語的要求下，主張採取寬鬆態度者占較多數，客籍前輩作家鍾肇政即是其一。

鍾肇政認為所謂的「客家文學」是：「屬於客語族群的作家，較含有客家風味的文學作品。」在這樣的認知下，他編選了一套上下兩冊的《客家台灣文學選》，於今年四月由新地出版社出版。標舉「客家文學」的名號，進行文學選集的工作，這部書的問世，在臺灣客家文學的歷史發展上是頗具意義。

鍾肇政所認知的「客語族群作家」，其實涵蓋了以下三種類型的身分：一是土生土長的客籍作家（如吳濁流、鍾肇政、鍾理和、李喬），二是福佬客作家（如賴和、呂赫若、宋澤萊、張良澤），三是外省客作家（如林海音、周伯乃）。然而，在公開徵文的編選過程中，第三類作家的作品未見寄來，第二類作家則因其身分不易確認，加上客家意識、風味的稀薄而在本書中一概從缺。因此，在客籍、客語、客家意識、客家風味的要求下，這部書入選了自吳濁流、龍瑛宗、鍾理和、鄭煥以降，至劉還月、吳錦發、藍博洲、莊華堂等三十人的作品。

作為這樣一部族群色彩濃厚的文學選集的主編，鍾肇政很清楚其目的與功能所在。筆者以為，除了保存具客家風味作品、展現客家文學「史」之傳統的宗旨外，他更大的企圖心是在闡揚族群融合的此一觀點上。例如在龍瑛宗的小說〈濤聲〉中，他描寫了東部後山客家人堅韌的生活態度，同時也在最後提到了一群阿美族人，稱讚他們是「精雕細琢而成的青銅般的雄健漁人」；鍾鐵民〈霧幕〉中的男主角與非客籍女子玉英一起面對生活的磨難；江茂丹在〈死河壩〉中，以客家與原住民的地理背景，敍述三位原住民彼此的掙扎、互助，但最後卻不得不向命運低頭的悲慘故事。這些作品，都或多或少呈現出不同族群之間緊密相連的共同命運。

在這部選集中唯一入選的非客籍作家黃秋芳——這未嘗不可視為鍾肇政在文學上試圖超越族群的用心——在小說〈永遠的，香格里拉〉中，藉著女主角安黛的心境轉變，來表達外省人與客家人之間由陌生到熟稔的過程。安黛的婆婆是福佬人，認為她是「通人嫌的外省婆子」，不贊成她與兒子金水來往。安黛與金水在歷經一番奮鬥後成婚，但婚後金水的異常忙碌，令安黛內心感到生命的無依與茫然，於是她藉著尋找小學同學陳韻珍，來到了客家莊南苑村。在與陳韻珍及村裡淳樸、熱情的客家人相處後，她才逐漸發現到生命的踏實感，與土地、鄉親的愛，讓她有勇氣面對生活的挑戰。小說中有多處對話令人印象深刻，例如小時候安黛因自己是外省籍而瞧不起客家人，一次在得知最好的朋友韻珍竟是客家人時，她有了激烈的反應：

> 安黛急得跳腳：「你騙我，你騙我！你那麼好，怎麼會是客家人？」
>
> 「客家人也有很好的。」韻珍輕聲氣地說，但卻語氣堅定：「其實大部分都是好的。我們讀的偉人，只是老師沒有特別說明，很多都是客家人。」
>
> 「我不要聽！」安黛摀住耳朵，態度蠻橫極了。

許多年後，她才恍然明白：「想不到我嫌人家客家人，有一天反而因為我是外省人讓別人來嫌棄我。一直到現在，我婆婆還不讓我進他們家的門。」

對韻珍與安黛來說，南苑村已成為她們割捨不掉的香格里拉，韻珍就這樣感慨道：

我們在課本裡，讀了長江、黃河的起伏，唱過一遍又一遍祁連山、敕勒川。從來也不曾好好走過身邊的田隴、看過泥土的顏色，甚至不知道我們腳下的這條路，要走到哪裡去……

這種回歸本土、不同族群和諧共處的認知，一直要到許多年後才啟蒙，黃秋芳在這篇作品中揭示了「落地生根」及「命運共同體」的理念，確實是令人深思的，無怪乎鍾肇政在序中會對這位福佬妹仔的投入客家文化、描寫客家人事之作嘖嘖稱奇了。

在這部選集中，還有一篇黃娟的小說〈閩腔客調〉，更尖銳地觸及到族群融合這一主題。小說中的范坤祥是福佬人，他到美國找好友黃啟東，不料從一見面起，就發現黃啟東雖是客家人，在美國卻不得不講福佬話，因為所謂的「臺灣同鄉會」，其實是「福佬同鄉會」，他沉重地說：

使用福佬話時，我有濃重的自卑感。因為你無法以那個語言來表達自己，人也像是矮了一截。當然人家看你也是這樣的。一個無法以福佬話侃侃而談的臺灣人，絕對被認為是窩囊的！

透過一次臺灣同鄉會聚會的不愉快經驗，福佬籍的范坤祥不禁捫心反省：「難道說福佬話占著人數多，竟給了少數族群的客家人這樣大的精神壓力嗎？」他因此「為了自己族群的罪過而顫慄」……。

這篇小說在美國發表後，引起很大迴響，因此在小說之後，主編特別附錄了一篇出自福佬籍鄉親陳配峰的〈客家人當然是臺灣人〉，從母語使用及臺灣人認同（身分）兩方面，來闡述臺灣各族群的互動關係，並強調「團結、和諧與理想」的族群政策。這樣的安排，也可以說明主編者在這方面確實是用心良深。

當然，在作品挑選上，這部書的缺失不是沒有。首先，書名雖是「文學選」，但僅收錄短篇小說，詩、散文等其他類型付之闕如，不能不說是一種缺憾。此外，編者為遷就入選者的客籍身分，所選作品也不乏並未有任何客家風味，如馮輝岳的〈接媽祖〉、劉還月的〈梁山伯與祝英台〉、魏貽君的〈細胞〉、陌上塵的〈遊俠賈天下〉等。

不過，作為第一本以客家人、事、意識為訴求的選集，這些缺失是瑕不掩瑜的。事實上，隨著傳統客家莊的瓦解與子弟大量外出謀生的處境，「客家人」的面目確已逐漸淡化，加上母語失落、不同族群間的同化相融，在年輕一輩中要找出真正飽含客家意識的作家並不容易。因此，對這部抽樣展示了臺灣客家文學歷史傳統，同時又不忘放寬視野，冀望族群融合、和諧共存的作品，我們必須予以肯定。

當前臺灣文學的大環境，正逐漸走向平等對待「福佬文學」、「原住民文學」、「客家文學」的道路，我們相信，只有藉由彼此尊重、提攜的良性互動，各族群文學的發展才能各自擁有更大的空間。過去，客籍作家的表現可圈可點，使臺灣文學增色不少，面對未來更多元、更本土、更富族群特色的臺灣文學史，相信客籍作家們依然會堅守文學崗位，締造出更璀璨、恆久的客家文學新貌！

附記：本文標題「都來摘茶滿山香」，取自李喬小說〈哭聲〉中的一段客家山歌歌詞。

原刊《文訊》一〇七期（一九九四年九月）

張堂錡（一九六二～），東吳大學中文系博士。曾任《中央日報》副刊組編撰、專刊組長、《政大中文學報》主編等。現任政治大學中文系教授兼系主任。曾獲中興文藝獎章等。研究領域以中國現代文學、臺灣文學、澳門文學、報導文學為主。

# 觀千劍而後識器

## 評《武俠小說談藝錄——葉洪生論劍》

◆林保淳

武俠小說談藝錄——葉洪生論劍
葉洪生・著
聯經出版公司
1994年11月

武俠小說的發展，除開古典說部不計的話，延續了將近七十年之久，其間由於戰爭、人禍（政令限制）及社會變動的影響，興衰迭見，目前雖有大陸的「武俠小說熱」以魯陽揮戈的姿態，猶作「迴光返照」的最後掙扎，畢竟仍不免將走入「明日黃花」的格局。儘管如此，在這超過一甲子的時間中，武俠小說非但名家輩出，以其各具特色的丰采，創造了滿目琳瑯、傳誦不衰的煌煌鉅著，令人一提起平江不肖生、還珠樓主、金庸、古龍，就不禁豪情頓生，匣劍欲飛；更以其大量作家不懈的投入、巨量作品的不斷出爐，經由各項新興媒體（如電影、廣播、電視）推波助瀾，締造了一股通俗小說罕見的熱潮，成為中國通俗文學史，甚至中國文學史中別開生面、獨具一格的文學成就。

## 一

武俠小說如此的成就，理應受到當代學者的矚目；而事實上，也的確對許多學者構成極大的威脅與衝擊。一方面，武俠小說以異軍突起的姿態，迅速「掠奪」了「正統作家」龐大的讀者資源，不免令他們膽戰心驚；一方面，武俠小說狂熱所帶來的社會影響，也令他們憂心忡忡。因此，自民初武俠小說興起以來，就面臨著許多學者專家的關注與批判，這是無可否認的。只是，他們關注的面向，不是從文學的主體性出發的，例如題材選擇的自主性、俠客文化的形成、小說實際的文學藝術成就等等，反而過多的以社會功能的角度，針對武俠小說所引發的個別性的「後遺症」，例如麻醉人心、消極意識、上山習武等等，提出強烈的批判。文學社會功能的相關討論，原是文學理論中極為重要的一環，無論是持正、反兩方面理論的學理，都以不同關注的焦點，提出了頗能自圓其說的理論，自不能以此指摘學者的不是。然而，文學理論本身，最大的意義在於提出一個「可能依循的準則」，而非一種「強制性的規範」，文學創作者於此有依其意志作自主選擇的權利；過度強調其功能性的一面，姑不論所謂「功能」的詮釋，往往隨時遞變，難以劃一，例如「教化意義」與「娛樂消閒」兩種對峙的觀念，從功能角度而言，即大有討論的空間；更重要的是，其背後所支撐的觀念，一直是一種超於文學層面的「威權」，此一威權，非但決定了作者「應該寫什麼」，更規定了讀者「應該讀什麼」，即此，文學的自主性，殆將消失得無影無蹤，反成為文學的致命傷，最終就演變成「題材決定文學藝術性」的局面。很明顯的，這種觀念忽略了在整體文學構成環節中的「讀者」要素，讀者的多面向需求遭到抹煞。事實上，這些學者所要求於文學的，無非是在模塑出他們心目中所認可的「合格的國民」而已！問題在於，社會多元化的發展，將徹底粉碎此一觀念。

只是，這種觀念挾著傳統文學觀的力量，早已形成一種「顛撲難破」的文化迫力，至今仍深入人心，難以鋤拔。大多數的學者，可能連幾部武俠小說都沒看完，即敢放言高論，肆意譏彈；即使有若干學者明知此論所隱藏的危機，同時也真正心儀某些作家與作品的丰采，也怯於冒天下之大不韙，不敢提出異議，頂多以玩票性質，針對某部作品，聊抒心聲罷了，其間偶然呈顯出來的吉光片羽，固足令人隱然心動，畢竟仍同瓦礫間散落的珍珠，難發異彩，放眼當今「文壇」與「武壇」，敢於在一片譏評聲中，不惜投注二十年心血，孜孜矻矻，浸淫鑽研於人所鄙視的「武俠小道」，並以其宏博的氣度、精闢的論點，陸續展現其對武俠小說的研究成果，醒豁世人耳目的，大概就非推葉洪生莫屬了。

## 二

二十年來，葉洪生陸續發表了三十篇以上關於武俠小說的評論文字，除了具體呈現他對武俠小說深刻的關懷外，涉及內容甚廣，包括了武俠小說的定位、武俠小說發展史、名家名著剖析、主題與情節之分析、當代評論之評論等，更實際負責規畫了《近代中國武俠小說名著大系》、《臺灣武俠小說十大家》等叢書的出版，成果斐然，有目共睹。此書——《武俠小說談藝錄——葉洪生論劍》所收的內容，最大的企圖，乃是在建構出他個人心目中的「武俠文學史」，因此以「中國武俠文學史論」肇始，論述武俠小說之源流與發展；其他的十二篇論文，則分就其間成就較大的作家作品，展開深入而細緻的論述與批評。從文學史的角度來說，既有總體發展的架構，又已選定若干具有代表性的環節，一部以作家作品為關鍵的「傳統型」「中國武俠小說發展史」的雛形，可謂已經建構完成了。

相關武俠小說史的論著，在近年來大陸的武俠小說熱的刺激下，大量出爐，掛著「武俠史」字眼的著作，無慮十數種之多，以此書的雛形架構，如僅僅以「小說史」的模式視之，就歷史發展的完整性而言，較缺乏貫串性，是明顯的不足，不過，既謂之「雛形」，實則含有未來無可限量的發展可能，據筆者所知，這也是葉洪生一直懷抱的雄心壯志，相信是值得期待的。其原因在於：大陸出版的各種書籍，由於海峽兩岸的睽隔，資訊舛誤，非但所引據的往往是二、三手以後錯誤百出的資料，其間因坊間書賈肆意變造，未能察覺，所引致的張冠李戴現象，更不勝枚舉。即使以「傳統式」的文學史角度而言，個別環節的作家作品定位都出了極大的謬誤，而以此所建構出來的所謂「歷史發展」，幾幾乎乎就等於閉門造車的空中樓閣，豈不令人哂笑？而此書雖僅為雛形，卻是葉洪生二十年來，深入鑽研武俠原刊本，考鏡其源流發展，針對個別作者追蹤探訪，並熟知臺灣武俠出版業發行模式之下，嘔心瀝血地爬梳整理而完成的。所謂「觀千劍而後識器，操千曲而後曉聲」，相對於若干著作之「蓋有不知而作者」，其間相去，自不可以道里計。這也是此書在眾作林立之間，能夠鶴立雞群的最大憑藉。

本書以「談藝」為名，作者亦明言「較偏重於論者個人認知及美感經驗」，這也是此書的一大特色。蓋「談藝」者，論其書之文學表現也，這點原不為奇，然而，就武俠小說而言，「談藝」二字，卻往往是許多討論者刻意迴避的字眼——這是典型的「題材決定論」後遺症；我們看到的是大量的對武俠小說「非文學性」的謾罵與譏評，即使偶有幾篇稍可入目的公允評斷，最多也只集中在金庸、古龍等作家上，有系統、有計畫的針對作家作品作全面性觀照的，目前似乎僅有此書，其難能可貴，自不言可喻。當然，「個人認知及美感經驗」的局限性頗大，過於主觀的訴求，是無法獲致其他讀者的認同的。這讓筆者聯想到一件事：在淡江大學中文系主辦的「俠與中國文化」學術研討會上，葉洪生提出了有關司馬翎小說藝術成就的論文，當時就有學者提出質疑，大抵是「你認為司馬翎是有成就的，但這只是你認為而已，不能斷定司馬翎的確有成就」之類。就質疑而言，充分顯示出上述的局限性，論者如何擺脫或超越此一局限，無論如何是最重要的課題。當時的會場上並未解決這個問題。不過，就問題核心而論，其關鍵不在於作者提出了如何的「個人認知與美感經驗」，而是論者「如何」認知及「如何」提出並證實此一美感經驗。評者儘管有異議，亦只能就其「如何」提出質疑，並舉出反證，才足以構成「討論」，否則，「一以此為馬，一以此為牛」，永遠無法獲得共識。在這點上，葉洪生詳明的將其「如何」的推論過程顯示出來，例如關於臥龍生，認為他

「開創了一代武俠新風」，以「博採眾長」、首創「武林九大門派」、「江湖祕笈」為論據。無論贊同與否，都可以就此展開論述，事實上即足以避免此一過於主觀的缺憾，通過各種不同意見的融合溝通，達成共識——這才是「談藝」，這方屬「論劍」！此書，至少使得「論劍有所」，為武俠論壇開創了另一個華山，大可以廣發「武林帖」，號召天下群雄了。

## 三

無論從開創武俠小說研究風氣或整個論證過程的精闢細膩上，此書都可以說是近三十年來武俠小說評論史上的一部重要著作，作為一個書評者，是不吝於作「主觀」的推介的。然而，以學術研究的立場而言，筆者對此書，以及對葉洪生所欲完成的「武俠文學史」，仍有一些比較「主觀」的意見。首先，此書在分量上，明顯是「重今輕古」，對武俠小說源頭的部分，論述過於簡略；同時，或許是受到大陸學者粗疏草率式的「俠客觀」的影響，在論述中國古代俠義觀念的發展時，不免陷入了「以今臆古」的窠臼，以現代人受到武俠小說影響而模塑的文學形象之「俠」，逆推至古代，以致對「俠客」採取了壁壘分明的二分法，凡是不符合於現代人心目中「俠客」概念的歷史人物，皆將之屏逐於「俠客」之圈，而名之為「盜賊」，甚至評之為「雖禽獸、盜賊亦不能過」。事實上，俠客存在於中國二千多年之久，其間屢經發展變化，戰國之俠、漢代遊俠、魏晉南北朝少俠、唐代劍俠、宋元明清義俠，直到現代的武俠，都各具特色，同時亦反映了當時的俠義觀念，絕非一成不變的。因此，在討論古代武俠小說時，勢必先作概念上的釐析，才不致於以訛傳訛，反而模糊了俠客的文化意義。關於此，學術界已有相關的新論述，如龔鵬程的《大俠》、陳平原的《千古文人俠客夢》、淡江中文系主編的《俠與中國文化》，都已經擺脫了劉若愚在「中國古代的俠」及大陸許多學者僵化的看法，應是值得斟酌採納的。

其次，就一部文學史的架構而言，在前面的論述中，筆者一直將此書定位在「傳統式」的小說史上。提出所謂的「傳統式」，自然亦期許著有一「現代式」的小說史出現。換句話說，「現代式」的小說史，必須擺脫純粹以作家作品為核心的論述方式，針對小說類型化的特點，如武俠小說中的「武」與「俠」的發展、「江湖」或「武林」的形成、「俠客」的誕生、情節模式等，作縱向的或定點的研究，同時亦可從讀者的角度出發，探討小說與社會的互動關係，如讀者意向的調查分析、讀者的閱讀方式、小說流傳的管道、小說的社會影響等等。在此，武俠小說研究的取徑，不必皆是「純文學」形式的，社會學、心理學、文化人類學的觀察角度，皆可以斟酌援用，以豐富武俠小說的內在價值。

當然，以此要求作者，未免過於嚴苛，不過，這只是一種期許，不只是針對葉洪生先生，更針對所有對武俠小說有興趣的人。深信在不久的未來，這一期許，將會逐漸實現，畢竟，《武俠小說談藝錄——葉洪生論劍》，為我們展示了一個美好的開始！

原刊《文訊》一一二期（一九九五年二月）

林保淳（一九五五～），臺灣大學中文所博士。曾任淡江大學中文系、臺灣師範大學國文系教授、中華武俠文學會會長等，並於淡江大學創立「武俠小說研究室」。研究領域以武俠小說、明清小說、明清思想、通俗文學、民俗學為主。

# 在流行的歌與時代中織夢

## 評翁嘉銘的《迷迷之音——蛻變中的台灣流行歌曲》

◆林文淇

迷迷之音——蛻變中的台灣流行歌曲
翁嘉銘・著
萬象圖書公司
1996年5月

在青少年還不能飆舞的時代裡，流行歌曲是官方說法裡的「靡靡之音」。即便是對它著迷的人，午夜夢迴念及國家復興大業未成，恐怕不免仍要為自己的墮落暗自悔恨一番，遑論要為那一首一首唱遍大街小巷的歌曲，以及緊緊吸住千萬目光的歌星們作評或是立論。

遺憾的是，臺灣社會對於流行歌曲這個大眾文化的重視似乎並未跟上流行。尤其當流行歌曲已經不再（僅）是流入耳中的音符，而已經是一件件貪婪地看著你我荷包的商品，或是一個個具有不同象徵意義的文化符號，在後現代的臺灣，我們真的承擔不起忽視流行音樂文化的代價。

就是在這樣一個文化貧血的環境下，翁嘉銘微弱的聲音益加顯得彌足珍貴。自謙因為當不成歌星而改行作樂評的翁嘉銘，第二本音樂評論集《迷迷之音》接續前一本《從羅大佑到崔健》（一九九一年出版）的使命，要記錄與探討臺灣（也涵蓋香港與中國）流行歌曲的發展軌跡以及文化意義。而這二本書，幾乎也可以說是臺灣稀有的流行歌曲評論方面最詳盡的專書。（親愛的上帝，多麼感謝您賜給他一副不是太好的嗓子！）

二本書相同的特色，就是作者對於流行歌曲的如數家珍，與對於其相關文化現象的敏感。不論是過去的羅大佑旋風或是現今唱片公司的投機現象，他都能讓讀者發現歌曲與歌星背後複雜的歷史，與社會機制的影響與作用。《迷迷之音》不同的地方，就是翁嘉銘擺脱以前稍嫌僵硬的議論文風格，開始展露出他灑脱的文采，使得他的評論讀來頗具有文學的興味。另外，顯然翁嘉銘對於臺灣流行歌曲的觀察，比以前更加深入、思考的面向更廣。書中有篇幅較長的專題評論，分析流行歌曲相關的文化議題，有對歌星的訪談心得與看法，還有一章專門探討中國流行歌曲，以及作者以「歌仔簿」的形式針對單首歌曲的雜想。

然而，《迷迷之音》的讀者，還會注意到書中一個十分特別之處，或許也會因此與我一樣感動莫名，那就是作者在他的評論中不時流露出來，對於臺灣流行歌曲的強烈的迷戀與關懷。臺灣的流行歌曲不僅是翁嘉銘評論、分析的對象，同時也是伴隨他成長的回憶與熱愛的文化。從布袋戲的〈苦海女神龍〉到〈安童哥買菜〉，這些歌曲無不引發思及過往的點滴，同時也補綴出一片片臺灣歷史的面貌。曾與他一樣走過那段歲月的讀者，將會從中沾染那份懷舊的甜味，甚至與我一樣讀著讀著不覺地就隨著作者哼出那一首一首熟悉的流行曲調：「安童哥啊囉——」。

應該是由於如此美好的經驗回憶，讓翁嘉銘一方面痛責現今流行歌曲逐漸被完全商業化，另一方面也夢想臺灣能夠早日建立一個好的流行音樂文化。他在書中一篇又一篇的文章中，感嘆臺灣沒有「流行音樂博物館」，抱怨臺灣竟然養不起一本好的「流行音樂雜誌」，也期待著臺灣能夠有自己的「搖滾音樂節」。看到這些早該理所當然存在的事實，卻只能是作者書中編織的夢想，很難不與他一同扼腕長嘆。

我有許多理由相信，若是這些關於流行音樂的夢想有朝一日能夠成真，翁嘉銘必定會是背後最重要的推動者之一。作為一個同樣關心臺灣流行音樂文化的歌迷，碰到像這樣一個愛做夢的作者時，我的書評其實宣傳的目的，永遠會大於評或論的意義。千言化為一句，想說的是（在此甘冒為書商做廣告之嫌）：

來喔！來喔！大家緊來買翁嘉銘的書轉去看喔！大人看了吃百二，嬰仔看了袂流鼻！來喔！來喔！緊來買喔！

原刊《文訊》一三三期（一九九六年十一月）

……………………

林文淇（一九六三～），紐約州立大學石溪分校比較文學博士，國立中央大學文學院學士班與英文系合聘教授。曾任國立中央大學文學院院長，國家電影資料館館長、國家電影中心執行長、國立中央大學視覺文化研究中心主任。研究領域為臺灣電影與華語電影。

# 地方自然誌的再開啟

## 讀吳永華《蘭陽三郡動物誌》

◆李潼

蘭陽三郡動物誌
吳永華・著
玉山社
1997年3月

從一八九五年日本據臺以後，臺灣的各種「動物相」的採集調查才算正式開始。儘管在這之前的兩百年間，曾有隨同英國軍艦抵臺的生物學家、探險家或更多國籍的西洋傳教士，他們在主要任務之外順便做了一些「自然誌」的調查紀錄，但總是不成規模、未見延續的零星作業。那些散簡殘篇固然珍貴，但與其他任務的資料雜夾，終究難成氣候。

然而，在一九四五年日本殖民政府離臺，臺灣收歸中國國民政府統治的再五十年，臺灣各地的自然誌收集調查工作，是否延續？是否又回復到「偶然登陸的探險家、傳教士的機遇性紀錄」？

《蘭陽三郡動物誌》寫的是日據時代臺灣總督府，在臺北州下所設宜蘭郡、羅東郡和蘇澳郡等三地的動物學研究紀錄。

業餘的「自然觀察者」吳永華，長年致力於「鳥類相」調查工作，「撰寫研究報告及閱讀文獻之餘，深感臺灣自然史研究的薄弱；業餘也從事耆老訪談及日治時期歷史文獻整理」，在舊老的文獻閱讀中，他發現「研究成果最為豐碩的日治時期最受今人漠視。筆者認為，整理地方自然誌是建構臺灣整體自然史的基礎：研究一個地方的鳥類、哺乳類、兩棲爬蟲類、魚類、昆蟲、蟹類、貝類之時，如果不了解腳下這塊土地過去的研究歷史，那無疑是十分空洞的事，因此，乃以日治時期（一八九五～一九四五）為斷代，以蘭陽三郡為場域，進行動物研究史之整理並兼述整個臺灣的研究略史，裨收承先啟後、鑑往知來之功」。

《蘭陽三郡動物誌》一書的主題設定和場域選擇，與吳永華的生長背景吻合，但這較大範圍的誌記，未必和他過往關注的鳥類生態重疊，因此在「鳥類」之外的蝶、獸、蟹、貝的延伸論述，顯見較薄弱。

全書的古今照片與文本論述相配合，相當豐富，也增加了專業著作的「閱讀柔軟度」，附錄在各篇末的參考書目，可為有心研究者提供若干尋索方向。在這裡，亦可見著者和編者試圖招朋引伴來關懷自然誌的心意。

《蘭陽三郡動物誌》以摘錄和補充論述合併行文，不妨也同時介紹這些前行代日籍學者採集操作和調查方法，更具體呈現他們的行事過程，即便原始文獻上缺乏這部分資料，在「補充論述」上亦可進一步提供，無論對專業的自然生物學者或新進的自然觀察者，都有實際的參考價值。另外，諸如觀察路線、觀察者對觀察對象和周邊生態的態度及樣本採集的取捨，也可一併提及。

只有具歷史感和前瞻性的作者和出版者，才肯發行《蘭陽三郡動物誌》這類小眾出版品。他們在專業和通俗之間尋求平衡的努力，值得嘉許，值得讀者給予捧場鼓勵。

原刊《文訊》一四三期（一九九七年九月）

李潼（一九五三～二〇〇四），本名賴西安。政治大學附設空中行政專科進修補習學校畢業。曾任《蘭陽青年》雜誌編輯、《宜蘭觀光》創刊總編輯等，辭去高中教職後專事寫作。曾獲洪建全兒童文學獎首獎、洪醒夫小說獎、宜蘭文化獎紀念獎等。創作文類包括小說、散文、論述、劇本、歌詞、新詩、兒童文學、少年小說等，作品出版近百本。

# 世紀末的原罪審判

## 黃碧雲《七宗罪》

◆王仲偉

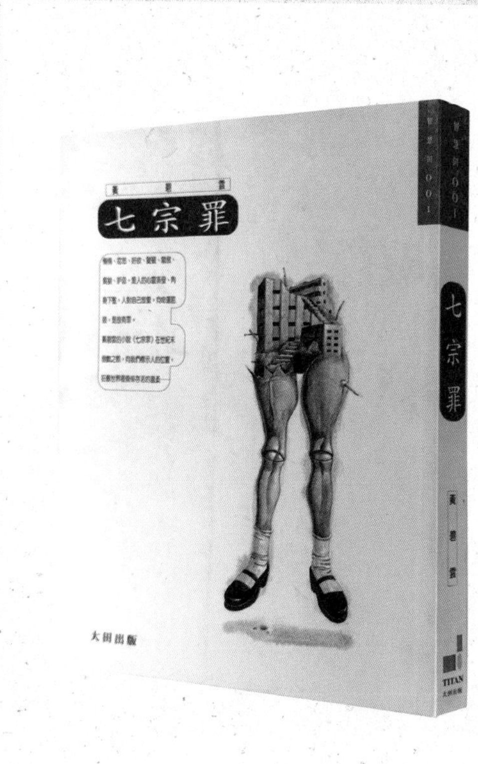

七宗罪
黃碧雲・著
大田出版公司
1997年11月

《紐約時報．書評周刊》一九九三年出版散文集《人性八惡》（中譯版由聯經出版），邀集聘瓊（T. Pynchon）等八位當代名作家為中世紀大哲多瑪士．阿奎那原罪理論之下的「七大罪」（「饕餮」、「懶惰」、「忿怒」、「忌妒」、「貪婪」、「好欲」、「驕傲」）賦予現代觀點，在七大罪狀之外加上另一項可堪等量齊觀的罪名──「絕望」，在歐慈筆下的「絕望」，和其他罪狀相較乃是「唯一不能被原諒的罪」。

一九九五年布萊德彼特與摩根費理曼主演的警匪片《火線追緝令》（Seven）中，凶手即以這「七大罪」作為他替天行道的執法標準；一罪殺一人，死者與凶手素不相識，死者與死者之間毫無關聯，年輕的警察被一名變態殺人狂耍得團團轉；後來還是靠待退的老警官在圖書館藏寶無數的典籍與循循善誘的巴哈音樂激發之下找出蛛絲馬跡。

據說香港作家黃碧雲的小說《七宗罪》是在看完這部電影之後獲得靈感而寫成的。作者以七種人性的弱點為軸心向外探索，對人類的自大與自私作細部解剖，演繹成七種原罪模式與其病態狂亂的外射，頗有奇士勞斯基以十段迷你形電影演繹摩西十誡的企圖；而在最後給予主人公適度的懲罰，又依據罪惡表現形態的外在描述，從七大死罪之中擇一當作標題。

作者在序言中提到：「我從來不知道節制與約束。地獄之門為饕餮而開。」貪吃或貪婪不是罪的根源，而是極度膨脹的慾望的宣洩途徑，「饕餮」是失敗、無能與挫折的避風港，在七罪之中最輕；大吃大喝抑或瘋狂地採購也能達到同樣的效果；〈饕餮〉中的丈夫藉吃喝以遂行他的畏縮與逃避，最後退縮到像胃一般的侷促空間中才覺得安全（頁三一）；母親將兒子視為私產以逞其貪得無饜的掠奪和支配。「懶惰」則是極度的冷漠與虛無，一切以不變應萬變，單調反覆的節奏（如一再重複的「你人是個好人，工作又全心全意」、「麻煩你，謝謝你」與「無所謂願不願意／可不可以」等如同音樂上「動機」一般的句子）。作者以高度抽象又格式化的音樂形式，對巴哈賦格開了一個玩笑。

人的疏離和懷疑，產生極大的恨意，激發破壞和毀滅的原慾，「忿怒」和「忌妒」因此而生。〈忿怒〉敍述一群被視為蹲在社會機制下層的人物，由於遭受命運無情的撥弄，而以反社會的行為對社會進行控訴，或對自身施加報復。〈忌妒〉是最隱喻曖昧的一篇，人物被賦予幾近世界末日的虛無心態，由於自認為不公平（不如意）而產生「沒有明天」式的不安與攻擊衝動。

對於所謂不公平，更積極的報復行動則是向他人掠奪與占有。「好欲」並非單純的性慾，指自省與自制能力的瓦解，〈好欲〉一篇極其誇張地呈現當大限來臨時，上流社會對物質享受無止境的索求與毫無約制的放縱。「貪婪」則比縱慾更上一層樓，是遠勝於饕餮的激情占有慾望，最終將導致盲目與毀滅。〈貪婪〉一篇中的方玉樹在商場上巧取豪奪，在人際關係上可以任意支配他人，卻在床笫間遭受無能的懲罰，最親密的夥伴李梧桐最後背叛了他，甚至還染指他的妻子。

懲罰的極致莫過於驕傲的數學天才黃玫瑰。如作者序中所言，驕傲是七宗罪惡之最大，驕傲也總是被視為所有罪惡的開端。驕傲產生於自戀的墮落與自我中心信仰。當罪惡的訴求層次超乎自身墮落與損傷之外，其視野又凌駕於僅僅危害周遭少數人的小巧格局之上時，唯獨驕傲足以擔當此大任。數學天才黃玫瑰基於自信和高度的自我膨脹，容不下他人對她的智慧的懷疑，卻能包容自己的不誠實（抄襲他人理論），最後由雲端跌至谷底，失去婚姻，失去工作、財富與名譽。

讓驕傲的人謙卑，讓貪婪的人失去一切，黃碧雲雖極其含蓄地探討罪的行程，卻在揭露人性罪狀的同時也加上了道德審判。在本書中，並未像《火線追緝令》的審判者給予有罪之人恰如其分的死亡形式；每一個有罪的人，只要不觸犯歐慈筆下的「絕望」大罪，就至少還找得到生路。

在被納粹剝奪了創作生路之後，德國出生的作曲家庫特．懷爾（Kurt Weil）毅然前往法國，一九三三年與劇作家布雷希特共同完成芭蕾歌舞劇《七大罪》。從事舞臺表演的安娜人格分裂為「較實際的安娜第一」與「理想化的安娜第二」，他們以七年時光分別在七個城市謀生，安娜第二依次被這七種罪名糾纏著，屈從於人性的原始慾望之下，安娜第一則發揚人性向善的自制力量將其一一克服，在七大罪的試煉之後，得到圓滿的結局。在國內隨時夠資格遭受審判的懷爾，不知絕望為何物。

原刊《文訊》一五〇期（一九九八年四月）

…………………………

王仲偉，曾任《音樂月刊》編輯、主編、正中書局編輯、《大成報》體育版編輯等。評輪及雜文散見各報，內容涉及音樂、文化、社會等領域，並長期於《文訊》雜誌撰寫書評。

# 生猛的漁港少年青春夢

## 邱坤良的《南方澳大戲院興亡史》

◆李潼

南方澳大戲院興亡史
邱坤良・著
新新聞文化公司
1999年5月

## 一

若「文如其人」的說法可信，文章要寫出潑辣活氣，作者恐怕很難不是古靈精怪的「靈氣逼人」。

邱坤良收錄在《南方澳大戲院興亡史》的十三篇文章，不論唐突滑稽、香豔刺激、義憤填膺或傷感緬懷；不論行文是娓娓道來、今古不分、平鋪直述或夾議夾敘；由於他的撰文，句句都活氣，篇篇皆潑辣，讀者可如見其中的古靈精怪。

## 二

以這座在一九七一年拆除的南方澳大戲院興衰為本書主軸，邱坤良當然不會將筆墨著重在青冷青冷的建築結構和格局。他感興趣的是一些與南方澳大戲院有關的有血「有目屎」、有情兼有義的人與事。並由此擴散，「牽拖」地緣和人緣，讓漁家守護神的媽祖婆、成年禮引渡人的脫衣舞女郎、願望破滅的孤女、一手造神的少年來福、廟公導師杜顯揚、恨為男兒身的阿坤旦，以及布袋戲師傅和車弄鼓藝人等等出列，在他以五十年歲月的「寸角」搭建的懷念舞臺，再度出場，一如遠年的光彩。

黑漆漆的老戲院，原本就極富想像空間，而它展演的栩栩如生的電影和歌舞，更讓它魅力無限。何況位在臺灣東北角港岸的南方澳大戲院，曾獨領風騷，從而四〇年代的日治末期到國民政府治臺的六〇年代期間，是南方澳人的「全方位」生活中心；也就是娛樂中心和政治、教育與文化中心；包括退伍軍人點閱召集、防火消防演習、戶口校正、里民大會、流行歌曲大會串、民意代表競選政見發表會和學校遊藝表演都「假本大戲院」舉行；而且還有很長一段時間，堂堂成為剛創立的南安國民小學代用教室。

南方澳大戲院的全方位、多功能，「沒大沒小的說」，是遠勝隔它一條街口的南天宮媽祖廟。它所承載南方澳民眾的共同記憶深入地方各階層，普及男女老少，因生活氣息濃厚，所以更輕鬆的深入人心。

這樣一座「全方位」的生活中心，在臺灣各城鎮，所在多有。但往往也因它們的功能太生活化、記憶的滲透太自然，常遭在地子弟忽視，乃至遺忘。

南方澳子弟的邱坤良，能為南方澳大戲院的「興亡」留下紀錄，為若干有趣的南方澳鄉親拓印足跡，為南方澳的地景張揚聲嗽以及為他熟識的藝人延續音容呼吸，儘管是在他遠離南方澳老家的三十年後，幸好他也「起工」了；以他如交趾燒素樸而不褪色的筆法，加進青鮮魚穫的生猛氣息，讓這些人事地物又鮮活過一次。

三

追憶往事、描摹故人或呈現家鄉，是否都需要時間遠隔、空間移轉之後，又與當事人或標的物保持距離，才能找到一個客觀的位置？這樣的遠隔和移轉，再回首觀顧，會不會因距離和位置而有失真的心境及失焦的眼神？

在地子弟寫在地事的困難，較外鄉人寫在地事的恍惑相當：回憶與觀察的可愛和可信，同時也包含了可厭和可疑。所幸《南方澳大戲院興亡史》不是沿革或方誌，不是學術研究的論著，它是邱坤良「個人生命經驗的反芻」；是他個人「生活態度與工作方法」養成的溯源；是他身為南方澳子弟的反思及感念；是他不必他人考證的真情告白。

《南方澳大戲院興亡史》以直率得近乎「吐槽」的自我調侃和「要死大家死」的童體祕聞大公開，將從古至今的南方澳常民基層文化加以剔理揭示；將凡常小人物的悲喜予以特寫浮凸，並寄以「恩怨兩相忘」的懷念。而這些再凡常不過的人與事，足以讓人憶起自己生命中也曾有過卻淡忘多時的人與事。而南方澳在特定時空下的殊異變化，其實也是記性不差的人在另一處經歷過的；至於南方澳的特殊地景，唯有讓人欣羨。

邱坤良在《南方澳大戲院興亡史》採用的白描手法，可能是個人文字風格，卻也恰如其分的與十三篇文章的小人物行徑合拍。這些素樸文字中不時跳出來的舊詞新用、政治用語家常化，卻神妙至極，令人捧腹。這或許是邱坤良慣常的幽默性格使然，但卻又遠超過所謂「白描手法」常犯的清淡無味（無味無素），尤其情境落差極大的事件綿密出現，竟有小說情節的衝突意味，令人在可疑中欲罷不能。

## 四

《南方澳大戲院興亡史》無意為這座懷念的「全方位」生活中心作史，也不見得有心為一群小人物立傳。邱坤良願意分享的是「我們曾經這麼生活過來」的活氣，他願意告示的是「我還是樂以這麼生活下去」的執拗，並隱隱反問：那你呢？

這本書的「大」與「興亡」及「史」，已標明它誇飾格的調皮和誇張性的幽默。

南方澳人將跨港的舊大橋喚做駝背橋，將一九九八年才落成的跨港新橋叫做菜籃橋，也是充分運用這種以小說大、以家常襯精緻、以反逆思考為幽默的特質。南方澳人直到今天仍喜歡邀朋作客，他們慣常的尋人法仍是，「你在南天宮門口落車，隨便找個人問問，某某人住在哪，人家就會跟你講」。我是在這種自信型誇張式的幽默屢次上當的人，但每每開懷大笑：想到漁家「乘長風破萬里浪」討生活的艱苦，想到起落變化無常的海潮和漁價，想到「人文薈粹」的港都多元文化，南方澳子弟若不是有過人的自信、超過常情的誇張和運用幽默如吃三頓的戲劇化性格，他們如何去面對悲喜無常的港都生活或青鮮且羶腥的漁村時日。

《南方澳大戲院興亡史》鋪展開來的臺灣常民生活即景，雖時空過往，但沉潛的脈絡直貫現時今地。它不僅記錄了邱坤良生猛的少年青春夢，更呈現了臺灣子民多難生涯底層的幽默性格，這性格正是許多人苦心尋找的臺灣生命力。

原刊《文訊》一六一期（一九九九年三月）

李潼（一九五三～二〇〇四），本名賴西安。政治大學附設空中行政專科進修補習學校畢業。曾任《蘭陽青年》雜誌編輯、《宜蘭觀光》創刊總編輯等，辭去高中教職後專事寫作。曾獲洪建全兒童文學獎首獎、洪醒夫小說獎、宜蘭文化獎紀念獎等。創作文類包括小說、散文、論述、劇本、歌詞、新詩、兒童文學、少年小說等，作品出版近百本。

# 土地與詩的救贖

## 評介《吳晟詩選》之「再見吾鄉」

◆羅葉

吳晟詩選 1963-1999
吳晟・著
洪範書店
2000年5月

久無詩集問世的吳晟，最近在洪範書店策畫下推出《吳晟詩選》，由詩人自其早年三書《飄搖裡》、《吾鄉印象》、《向孩子說》中挑選七十餘首舊作，加上近五年來的新作，概分四輯，編纂而成。最後一輯名為「再見吾鄉」，原欲單獨出版，最後決定併入詩選，由於全書規模龐大，且吳晟在詩壇已有一定之評價，故本文僅就「再見吾鄉」一輯試予評析，略窺詩人現階段的心境與思維。

一九八〇年後吳晟即少有詩作，改以「直接書寫」定位發音，先後出版《農婦》等四本散文集，主題涵括農村面貌、農業政策、環境保育、土地之愛、耕讀生活、親情人倫，乃至對國族認同與社會變遷的感觸。在其心目中，土地是農民賴以耕作的根本，但這三十年來臺灣社會快速轉型，整個農村形態為之解構，如今更已面臨最根本的危機，亦即土地的「被物化」、「被商品化炒作」，不僅關係到農村存亡，也抹滅了人們對土地的尊重與認同。為此，吳晟寫下一篇篇散文排遣悲懷，並試圖求取詩句的安慰，逐筆描繪出「再見吾鄉」之風貌。

一個明顯的特色是——這三十餘首詩作中有許多「組詩」。吳晟自言其寫詩「習慣以組詩的形式呈現，少有單篇的即興感懷，通常尋找到主題，經過長時間的醞釀，點點滴滴作札記，才能寫作完成。」他認為專注在同一主題上，並由此延伸相關內容，可以比較全面而完整的傳達。有鑑於此，本文即以四類「組詩」為對象，略述吳晟詩作的要旨與質地。

一、有關農業政策與農家生活的詩——這類作品數量最多，且經常與其他主題穿插交融。較鮮明的像是〈水啊水啊〉、〈山洪〉、〈幫浦〉、〈土地公〉、〈賣田〉、〈黑色土壤〉、〈老農津貼〉等，密集發表於九六年底。其中，「高利貸」揭示貪婪的經濟開發是「不斷向未來高利借貸」，長此以往，我們終將「捲入揮霍有限資源的漩渦／再也償付不起龐大債務的利息／再也沒有能力贖回／長期典押的青山綠水和晴空」。

二、有關國族認同與政治關懷的詩——包括〈經常有人向我宣揚〉、〈一概否認〉、〈我清楚聽見〉、〈機槍聲〉、〈揮別悲情〉等。這些作品控訴了諸如二二八事件，一黨獨大、高壓統治、白色恐怖、思想箝制，乃至晚近的政商掛勾與黑金共犯結構。針對官方對歷史詮釋曾經做過的變造、否認、粉飾、默認、部分承認、公開道歉、宣揚寬恕胸懷並希望民眾揮別悲情，吳晟反證了歷史的不容抹煞，也凸顯出政治亂象「歷久彌新」的癥結。

三、有關生態保育的詩——亦即「憂傷西海岸」系列五首，在這些作品中，吳晟欲向他記憶中美好的西海岸尋求救贖，渴望奔向心靈的淨土，卻發現「鐵罐鋁罐隨處鑲嵌／保特瓶、普利龍、塑膠袋、破家具……／隨潮流來回漂浮、棄置」，使得他希望落空，加倍挫折，「憂傷游走整個西海岸／就像逃離城鎮來到海洋／此刻，我更想快速往回跑……」。

四、有關親情人物的寄語——諸如〈你不必再操煩〉，勸慰其老母無須再辛勤耕作，反諷農業政策的錯亂與國際強權的不義。〈出遊不該有感嘆〉，詼諧列舉出資本商品無遠弗屆的穿透力，以及鄉土遭受破壞後的無可挽回，是一首舉重若輕，淺出深入的佳作。〈小小的島嶼〉及〈我們也有自己的鄉愁〉，低調吟唱出鄉土之戀，堅定指出「原來我們唯一的鄉愁／就在腳踏的土地上／因為真切而不夠浪漫／卻是永遠的愛戀與承擔」。至於〈寫詩的最大悲哀〉等四首，是詩人心路歷程的告白，他發現寫詩的最大悲哀不在於困苦思索或獨飲寂寞，而是除此之外，「不知道還有什麼方式／可以對抗生命的龐大悲哀」。其中，〈我時常看見你〉一詩，是他對臺灣文學先行者賴和醫師的二度禮敬，譬喻精準而情感真摯，讀來令人為之動容。

一般批評吳晟詩作的缺點，多半指其「平鋪直敍，缺乏意象」，亦即流於散文化。其實新詩既是白話詩，就帶有白話文的質地，只是它必須在適當之處巧妙迴旋，關鍵性的一字、一詞或一句，都足以讓「分行的散文」轉化為詩。吳晟的若干詩作失之白話，除了文字風格，主因毋寧是他沉重悲鬱的現實關懷——他熱愛土地，也關切時局，偶爾「過度的火氣」跑進詩句，就成了散文式的控訴或聲討，但那真情至性是毋庸置疑的，瑕不掩瑜，文字技巧可以慢慢琢磨，可貴的是真情至性，如同他自言——「你可以看見歲月的滄桑明顯刻畫在我臉上，是否也看見我對世間單純的熱情，仍像年少時期一樣強烈。」

原刊《文訊》一七九期（二〇〇〇年九月）

羅葉（一九六五～二〇一〇），臺灣大學社會系社會工作組畢業。曾任《新新聞》周刊記者、編輯、《自立晚報》政治組核稿員、紐約《明報》駐臺資深編輯等。曾獲教育部文藝創作獎、臺灣文學獎、聯合報文學獎、時報文學獎等。創作文類以詩、散文、小說為主。

# 在黑暗中漫舞

## 幾米《地下鐵》駛出的生命風景

◆羅葉

地下鐵
幾米・著
大塊文化出版公司
2001年1月

繪本在臺灣，少說也有二十年以上的出版歷史了，原先幾乎全是「童話繪本」，並且是從國外「翻譯、翻版」移植過來的。直到近幾年，此間才出現所謂的「成人繪本」，由本土作者執筆揮灑，雙管齊下，文圖並茂地展現出不同於傳統純文字的敍述風情。在這裡頭，插畫家出身的幾米算是相當突出的一位，他從一九九八年開始個人的繪本創作，連續推出《森林裡的祕密》、《向左走，向右走》、《月亮忘記了》等多部作品，展現驚人創作力，也引燃本土的繪本風潮，在這個加速邁向「圖像說話」的出版潮流中，幾米與其他繪本作家肯定會有寬廣的舞臺。

二〇〇一年元月，幾米推出新作《地下鐵》，相較於先前的作品，這是一本文筆洗鍊、意象豐富、編排用心、印刷精緻的繪本；在內文上，也擁有更完整的敍事結構，不僅僅是印象式的單篇獨幅；值得一提的是，此書已不局限於「成人繪本」，無分男女老少，應該都能夠從容瀏覽，體會良深。

天使在地下鐵入口／跟我說再見的那一年，／我漸漸看不見了。／／十五歲生日的秋天早晨，／窗外下著毛毛雨，／我餵好我的貓。／六點零五分，／我走進地下鐵。

從這一頁開始，幾米藉由一位少女的城市漫遊，映現盲者的內心風景。他所設定的主人翁是怎樣一位少女呢？圓臉小嘴、紮兩短辮、墨鏡遮眼、素鞋裹腳；連身及膝褶邊小圓帽、左手撐洋傘、右手執盲杖；她肩上套著橘紅背包，身旁跟著長毛白貓（也像是小狗），就那麼站在地下鐵入口，即將探階而下，如同就要走入無垠未知的茫茫人海，而背後是玻璃帷幕的都市叢林。

順著盲女遲疑的步伐，我們逐漸看見「地下鐵」蘊含的黑暗世界，也看見潛藏在黑暗中的質疑、希望與美麗幻想。在敍事文字上，幾米採取了詩句般的內心獨白，他讓盲女邊走邊想，邊走邊問，由一條主線索的行進帶動故事，但這主線索斷斷續續，時而切入，時而岔出，就像熙攘乘客們在地鐵站進進出出。這樣的敍述技巧猶如「上網瀏覽」，作者先進入一個網站的首頁，再一一點入子頁，不斷開啟新視窗，而每一視窗都是一則心情寫照，於是乎，原本看似歧出的許多單幅之作，在主角皆為盲女的基調下產生了連貫性，讀者也就自然而然地跟隨那盲女：上天、下海、飛翔、泅泳、爬樹、舞蹈、迷失、墜落、在鯨魚的背上作日光浴或窗邊小憩，最後卻又能夠回到「首頁」的敍述主線上。

在這過程中，不斷重複著盲女的「自問」，她不知終點在哪裡，不知自己欲往何處，卻又期待地鐵出口處會有個人在等她；這些其實也是現代社會普遍的現象，人們渴望參破生死未知，渴望有個「陪伴」，渴望脫離無可捉摸的黯淡與孤單。幸運的是，盲女並未失去「守護天使」的眷顧，這也是作者慈悲之處，他設定柳暗花明的結局，而一路上隱隱現現、可愛柔和的動物造型與圖案背景，也都呼應這樣的路線。

十五歲之前，那少女還看得見這花花世界，十五歲生日過後，花花世界隨著視力衰竭而褪色，卻未完全消失，因為色彩們都隱入了腦海，像一隻輕拍薄翼的蝴蝶在前方來回飛舞，引領她走向隱約閃爍的光亮。《地下鐵》的英文書名 *The Sound of Colors*，直譯為「色彩之聲」，或許暗喻那盲女之心猶如一顆蛹，歷經黑暗中的摸索與困惑，終於破蛹而出，化為彩蝶翩翩。

也或許，整個「地下鐵」更像一顆蛹，大時代的一顆蛹。盲女可以單純是盲女，而「目盲」也象徵「心智的迷失」，特別是在這資訊氾濫的網路世紀；過多的訊息讓人們眼花撩亂，你彷彿看見了許多新奇橫趣，其實卻越來越難看清真正需要看見的，就在一片迷離撲朔中，逐漸「看不清自己」，而在看不清自己的同時也就失去了整個世界。

本書首尾，幾米分別引用了辛波絲卡（W. Szymborska）與里爾克（R. M. Rilke）的詩句，又在扉頁題上「獻給　詩人」四字，或許真是要向這兩位詩人致敬？而我個人以為，「詩人」所指的未必是特定人士，誠如這是一本用詩心傾訴，詩意構圖的繪本，能夠進入其間產生共鳴的讀者，無寧便是作者期待的「詩人」。

原刊《文訊》一八七期（二〇〇一年五月）

羅葉（一九六五～二〇一〇），臺灣大學社會系社會工作組畢業。曾任《新新聞》周刊記者、編輯、《自立晚報》政治組核稿員、紐約《明報》駐臺資深編輯等。曾獲教育部文藝創作獎、臺灣文學獎、聯合報文學獎、時報文學獎等。創作文類以詩、散文、小說為主。

# 疼惜咱的囡仔

## 蘇紹連《台灣鄉鎮小孩》評介

◆洪淑苓

台灣鄉鎮小孩
蘇紹連・著
九歌出版社
2001年9月

在我年少的剪貼簿裡，有一篇蘇紹連的長詩〈童話遊行〉。當時雖然沒有完全看懂，但直覺喜歡那童話的氛圍與現實的變奏。一直到今天，蘇紹連的詩都給我這樣的感覺，尤其新作《台灣鄉鎮小孩》，讀來更是驚喜連連，饒富意味。

《台灣鄉鎮小孩》凡五輯五十一首詩，以兒童為描寫主體，有現實的關懷，也有個人哲思的呈現。從第一首詩〈營火會〉裡，我們就可看到作者願意捨身自燃，成為營火晚會中那熊熊燃燒的篝火，為兒童帶來光明、溫暖與歡樂。這份心意是高貴的，可敬的，同時也是貫串全書的主調。詩中劃火柴的意象，也使我們聯想安徒生童話〈賣火柴的女孩〉，只不過更擴張火柴的效用，不只為自己營造美好的天堂，更為所有的兒童驅走黑暗，帶來光和熱。蘇紹連對童話的運用與變化，由此可見一斑。

本書第四輯「台灣鄉鎮小孩」，無疑是最醒目的一束作品。這些彷彿若有其人的「林宇彥」、「紀南裕」……正是生活在你我身邊的「臺灣之子」呀！然而這些兒童的抽樣，讀起來卻頗令人心酸。例如：

小孩一個人走著，像面對寫不完的作業
他拚命的逃避，在螢幕上奔跑
腳步聲又來了，小孩回頭一瞧

這裡寫的是一個叫「紀南裕」的小孩，家中經營電動玩具店，常藉口不上學，功課差。詩中的小孩是孤獨的，恐懼的，「他拚命的逃避，在螢幕上奔跑」，也在現實生活裡奔跑，害怕被學校的老師追查。詩的最後一句，顯示了情境的逆轉與衝突，把螢幕上的遊戲和現實中的經驗合而為一，融合得可說天衣無縫，非常巧妙。透過這首詩的張力與戲劇性，使我們在驚嘆之餘，也願進一步探索背後的成因：這首詩所隱藏的問題，我們這些「大人」一看，便知道關鍵不在小孩，而是他不負責任的父母，和這個日益敗壞的社會。類似這些「意在言外」的反思，應是蘇紹連想要提示我們的，一同關愛兒童，疼惜咱的囡仔，給他們一個美好健康的世界。

抽離寫實意義來看，蘇紹連筆下的「兒童」主題，其實就是對自己童年的重塑，也是和自己心中那個「永遠的小孩」對話。這樣的探索，在他前一本散文詩集《隱形或者變形》已是明顯可見，只不過在散文詩中表現得比較晦澀、跳脫，在這本《台灣鄉鎮小孩》表現得比較明朗、順暢。例如〈一個彩球的完成〉、〈旋轉木馬〉、〈遙控器〉與〈電風扇〉等，這幾首詩中，小孩的純真與歡樂，和成人「我」的灰暗與沉重，都有精采的比喻與對比。〈口袋〉、〈兒童旅行車〉二詩更是妙絕，為了兒童，「我」可以變成一隻袋鼠，當災難來了，兒童都可以躲在「我」身上的口袋裡。或者，「我」也願成為兒童巴士的司機，載兒童穿越時空，穿越歷史文明與自然宇宙，引領他們走向二十一世紀。這些充滿愛心的情思，相信不只是一時的「詩想」，而是蘇紹連自己走過童年之後，重新建構的童年天堂。

若論為兒童寫作，安徒生與楊喚當然是典型作家。蘇紹連在本書中也指明這兩位，作為建構美麗的兒童世界的標竿。本書的壓卷之作〈世界應該是這樣的〉，即揭示這樣的主題。從童話形式與內涵而言，蘇紹連確實有安徒生與楊喚的風格與精神。但若仔細分辨，蘇紹連的詩還多了幾分自我辯證與解構的企圖。〈廣告裡的孩子〉、〈日記裡的孩子〉等詩，可資為證。尤其前者，和《隱形或者變形》中的〈封面〉，何其相似！都是以自己的詩集為解構對象，〈廣告裡的孩子〉更檢視了自己以「小孩」為書寫對象的意義，辯證創作者與創作慾望的關係；如同詩的最後一段：「我想，如此廣告後／我的詩集一定會暢銷／但是，我的心是難過的／廣告裡的小孩承擔了慾望／他的眼神把我弄昏啊／他的演出使我瘋狂啊」。

從這透徹的自覺看來，蘇紹連不只是楊喚而已，他還有更廣闊的書寫空間。

原刊《文訊》一九五期（二〇〇二年一月）

洪淑苓（一九六二～），臺灣大學中國文學博士。現任臺灣大學中文系教授。曾獲全國學生文學獎、臺大現代詩獎、教育部文藝創作獎、臺北文學獎、優秀青年詩人獎、詩歌藝術創作獎等。創作文類以詩、散文為主。

# 反寫漢民族文學史

## 評孫大川主編《台灣原住民族漢語文學選集》

◆林秀玲

台灣原住民族漢語文學選集・小說卷（上、下）
孫大川・主編
印刻出版公司
2003年3月

今年初，印刻出版公司甫創立未久，即投下極大心力出版由孫大川先生編選的《台灣原住民族漢語文學選集》共七大卷：詩一卷，小說、散文各上下二輯，評論亦分二部。這選集的出版的確是壯舉，也是今年出版界的劃時代盛事，其引發的影響絕不容忽略；現因篇幅，僅就小說論之。

原住民作家唯有掌握出版與論述，才握有與主流文化和歷史對話與抗頡的利器，也才能掌握文化發言的詮釋權。從孫大川於一九九三年創辦山海文化雜誌社，出版《山海文化》雙月刊，以及中華汽車原住民文學獎的設立，另一件重要大事應為與新自然主義出版社合作出版青少年文學的《台灣原住民之神話與傳說》系列十冊，之後，印刻出版此次的文學選應該算是首次匯整過去二十多年來日漸蓬勃、不容忽視的原住民文學選。這個選集中，孫大川力圖涵括即使是原住民中分屬不同族群的各種代表性作品，表現的主題與技巧約略分為幾個方向：

首先，我們可以觀察到：一部分的原住民小說反映出來的是對現實生活的控訴；在現實生活中，許多原住民婦女淪為雛妓，男人則淪為廉價勞工，在小說原本為反映現實的理論之下，田敏忠的〈赤裸山脈〉即是在處理山地少女為妓、為三級片脱星，因此「被飢渴的眼睛剝成裸體的猥瑣山脈」，在男性，而且是漢人的情慾消費文化與剝削之下，受辱的不只是女體，也是寓言化的民族寓言，田敏忠控訴的是整個原住民被漢民族強暴的歷史與現狀。此類主題中，蔡金智的〈花痕〉卻是極度浪漫：巫妮是一位「衣錦還鄉」的下海山地女子，以有錢即可以讓妲吉的母親塔瑪治癒眼盲，重見光明，誘使妲吉亦到都市「賺吃」。妲吉遇到一位嫖客，也是一位原住民，他則是淪落在都市廉價的建築工人，協助她一起從窗戶爬出，妲吉後來從良，嫁給了救她出火坑的這位恩人，二人婚後生了個兒子，這個故事是倒敘的手法。霍斯陸曼．伐伐的〈獵人〉中，敘述者的妹妹流落華西街，而母親遭受漢人警察的強暴，因此鋌而走險，忿怒之下殺死警察而更加坐實漢人對原住民的汙名罪行。

另一篇對困頓的現實生活與漢人剝削的控訴是田敏忠的〈墓仔埔別墅〉。原住民男人淪為臺灣過去五十年來極速現代化與資本主義土地投機之下的祭品，生活困頓，不足溫飽，蓋房子的人卻沒有房子住，只好淪為與墳塋為鄰，住在墓仔埔旁加蓋的鐵皮屋工寮內，戲謔稱之為「別墅」，田敏忠寫道：「這群房客可是西部大都會區建築業的尖兵。他們一生都在蓋房子，卻沒有半間屬自己所有。他們不懂得什麼勞什子技術，有的只是一身銅筋鐵肋，外加手腳俐落。他們工作勤奮，工資卻非常便宜；很聽話，好指使，工頭願意僱用他們，專挑髒汙粗重的項目叫他們負擔。」原住民文學不僅是臺灣目前少數族裔的弱勢文學，更是在社會階層受勞力剝削的弱勢文學。就此意義而言，這些樸實的寫實作品所發出的控訴與怒吼實已超越一般的寫實主義作品，而是延續上一個世紀的鄉土主義論戰中對社會人道主義關懷的一脈相承。

第二類的文學表現，無疑地比第一類寫實作品更加拓展了文學視野。這一類的作品比較詩意、比較抒情，試圖融入及表現原住民的傳說與對自然山海的親密關係。當然，這類作品也會有加入對漢民族以及現代化過度開發侵犯到祖靈與祖先神聖土地的生態控訴。此類作品往往表現出一種異乎尋常的對自然的想像，神祕的、宗教性的敬天畏祖（靈），有時近乎超現實的魔幻寫實手法，的確令人大開眼界，大大豐富了漢語言的文化表現。比如田敏忠的〈出草〉中，一個泰雅勇士的鬼魂與兩位日本軍官鬼魂的對話引發出來一段有關出草以及土地侵略的歷史與辯詰。田雅各的〈等待貓頭鷹的日子〉與〈巫師的末日〉、〈安魂之夜〉，都大量運用布農族的神話傳説與夢占習俗。

此中，最令人激賞的是布農族的乜寇．索克魯曼的〈霧夜〉。這篇小説極具詩意，「那年蝸牛才剛剛爬過我家門口，冬天就要到了，大地被拉入冰封的時空，山上的梅樹擺脱了秋季掉毛的窘態，在寒流吹襲的當口，群起長出一頭白髮。雲霧似母雞孵蛋終日蹲伏在玉山主峰上，有時候太陽會很頑皮地伸手把雲層撥開，偷窺母親羽翼下細心孵化的雪蛋，青山不再是青山，有限的肉眼視覺無從辨認何為雲霧、何為雪、何為梅花，彷佛置身仙境。」一個五專生與一群同為原住民的同學練完將在耶誕節於百貨公司表演的山地歌舞後，喝點酒趕走冬夜的孤寂，隔早臨時興起相約，騎上剛買沒多久的一百C

C白色小綿羊，往中部橫貫公路合歡山上賞雪。到了梨山社區、天池，手舞足蹈歡喜迎接，「張大嘴巴，一口一口地吃飄下來的雪，好舒服、好快樂。」彷彿天堂，不管其他遊客的側目，唱起布農族的歌，「我們是布農的孩子／我們從城市逃離／因為我們聞到你的呼吸／那跟我們祖先的山吹下來的是一樣的」。算一算上山所花的時間，騎夜車下山，回到臺北住所大約是晚上十點多。天色漸暗，霧漸攏上，在淒冷陌生的霧夜裡，他們迷路了，「這裡彷彿是迷宮一樣，我們在山的肚子繞來繞去，在森林裡往來穿梭」，「我們會不會消失在臺灣的版圖上啊？」濃霧中出現一位穿紅衣的老人，指引他們，叫他們跟隨著，「我們仍然看不清它是什麼，團團的霧氣包圍著它，我只能說它是一團影子，風吹得很強，也不見它有被吹動的樣子，彷彿跟我們不是同一個世界的。」作者的文字掌控得很好，「不知是車子的震動還是我們身體在發抖，不過我真的害怕到了極點，Kesul在後頭緊緊地抱住我，牙齒嚴重地直打哆嗦。」老人帶著他們在霧中走了一段路，還居然回他們的話，不久，路漸平坦，霧也漸開，敍述者欲加快速度追上他，「想看看這位神祕人，我眼睛一直直視著他的背影。啊！突然！他不見了，就這麼消失在空氣裡。」

霧黑的夜，他們在山區迷走了五個小時，回到臺中市，Kesul說那是他祖父，因為剛剛那個老人唱的歌是他小時候哭泣還有睡覺前祖父也會唱給他聽的那首歌，而且「祖父剛剛跟我說他很想念我。」真邪？幻邪？

這個選集中多篇都顯示出原住民文學中擁有寬廣豐沛的文學創造力與想像力，令人驚喜。而且文字上也掌握得很好，如此詩意的文字與描述功力非凡。

第三類小說處理的是歷史，包括日據時代日本人對原住民的壓迫，以及國民黨來臺之後，漢人或外省人統治者對原住民的壓迫。這類作品寫法大部分交錯著歷史與現在不同的時空，比如田敏忠的〈出草〉寫的是日據時代部落出草的儀式宗法，泰雅族的天狗部落勇士將闖進山區的日警送往部落法庭接受審判，以及馬都安部落與天狗部落之間的河界爭議，亦是靠出草來解決。一般被傳統漢族解釋為野蠻行徑的出草，也必須放在另一個文化情境之下才能彰顯其意義。敍述者是一位天狗部落的勇士，為日軍殺死後，將兩位日本軍官連著鐵鏈拖下懸崖，同為鬼魂：「誰叫你們侵略我們的土地？誰叫你們好好的家不待？誰叫你們遠到這邊找死？……」因為祖先遺留下來的領土不容侵犯。田敏忠的另一篇〈最後一桿槍〉則是敍述一九四七年中國來的關巡佐把原住民當漢奸，強迫原住民將當年他祖父用來抗日的槍枝繳出。祖父臨終前的遺言希望一支給兒子，另一支給兩位孫子留作紀念，死後，兒子將槍枝與父親一起埋葬。被擒後，孫子中的弟弟夢見爺爺顯靈，指點埋槍地點，要他挖出槍枝以交換被執的哥哥生命。而漢人關巡佐猶為獎金爭論不休。

當然，好的小說甚多，這兩本小說選集中包括了十三位作家，共二十二個短篇，限於篇幅，無法在此一一詳介。總之，這是一部包涵面相當廣袤的小說選集，成績斐然，不僅是就拓展文學的視野或就更進一步深刻認識原住民文學而言，這都是值得推薦的選集，亦是對漢民族的臺灣文學史作出一次嚴正的抗議與「反寫」——writing back。驚喜之外，亦頗值得我們反省傳統文學史的書寫及對原住民和自然的態度。

原刊《文訊》二一八期（二〇〇三年十二月）

林秀玲（一九六一～），芝加哥大學比較文學博士。現任臺灣師範大學英語系助理教授。研究領域以比較文學、文學與藝術、現代主義為主。

# 從超載到失重

## 黃凡《大學之賊》中的政治隱喻

◆郭強生

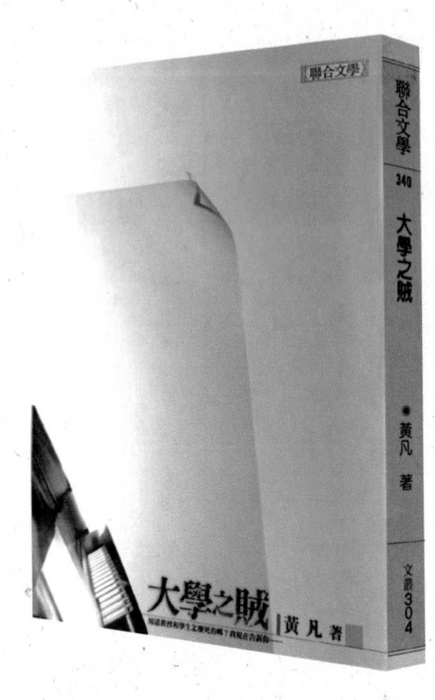


大學之賊
黃凡・著
聯合文學出版社
2004年10月

當我們談到臺灣八〇年代的小說時，不能不提到黃凡這個名字。他以〈賴索〉這篇短篇小說拿下時報文學獎小說首獎後，幾年時間內成為最令文壇讚嘆的小說家，技巧新穎，題材多變，尤其對嘲諷臺灣社會有獨到的角度與活力。之後多年不曾動筆，直到去年以「復出」姿態完成了《躁鬱的國家》長篇小說，並拿下金鼎獎榮譽。今年他又推出了《大學之賊》，成績更上層樓，實在令人興奮！

說到黃凡這部新作，我們似乎需要回顧一下黃凡長篇小說的創作歷程。臺灣文壇多年來主要文學獎都偏重短篇小說，黃凡在當年也多以短篇小說傲世。整體而言，臺灣當代的長篇小說在文學獎與副刊園地設定的形態限制下，在質與量上都較短篇的蓬勃燦爛遜色一些。然而黃凡在當年卻完成了《傷心城》、《反對者》兩部精采的長篇作品，卻又因在《自立晚報》百萬小說獎中敗北，而連帶地讓這兩部作品沒有文學獎光環加持而逐漸為人所淡忘。（市面上早已絕版！）《大學之賊》的問世，除了讓我們見識到一位小說家「比起三、四〇年代的張天翼、錢鍾書，仍有過之而無不及」（王德威語）的才氣與膽量外，我們更需要對黃凡長篇小說在臺灣文學史上的地位重新檢討。至今他雖然只以《躁鬱的國家》拿下榮譽，但反諷的是，他的《傷心城》、《反對者》都是比起《躁》作更傑出的作品。而最新的《大學之賊》看似又回到《反對者》一書中對知識分子的批判，但是卻比後作更多了一份冷峻的後勁。能夠將諷刺的格局拉升至哲學的高度，確實是臺灣長篇小說上一個新的里程碑。

在當年《反對者》推出時，部分評審與書評家都顯露出對黃凡繁複的學術理念在字裡行間流轉不歇有些不耐煩，這樣一個教授被控非禮學生的羅生門事件，竟然成了各式經濟理論的角力場，龍應台曾在書評中以「超重」、「超載」二詞來形容，認為「作者急切的想為羅（男主角）的經驗製造意義」。而筆者在討論《大學之賊》前，刻意要先提出《反對者》一書，其實就是要提醒對黃凡作品誤讀的風險，然後藉此彰顯黃凡真正在經營的主題。黃凡在《反》、《大》兩書中都觸及到高級學府中的泛政治化與權力鬥爭，但那只是作為長篇小說敘事上的一種情節框架。筆者以為他這兩部作品最大的成就並不在於對政治與權力的嘲諷，而是剖析了臺灣過去二十多年間，政治意識如何「內化」成為知識分子生命經驗與道德尺度，形成了集體意識。二十年前的知識分子在黃凡筆下，確實是在為自己的經驗製造意義。《反對者》一書本身並沒有「超重」或「超載」，而是主角在一個舊社會的價值認知開始動搖之際感受到了「超重」負荷，全書最精采的就是將知識分子為其所苦的狀態描寫得淋漓盡致。

而二十年後到了《大學之賊》，知識分子早已被重新「教育」了，他們連掙扎與煎熬都不需要了，看似荒誕戲謔的言行舉止，其實令人讀後比看完《反對者》更加心情沉重，甚至脊寒！故事背景這回從經濟系轉到了哲學系，黃凡顯然是刻意的設計，從二十年前臺灣高喊「經濟起飛」，全國陷入「外匯存底第一」的集體催眠，到今天臺灣意識形態的撕裂，懂與不懂哲學都可高喊自主、救贖、認知的歇斯底里，一個更大的精神破產危機儼然成形。原本在討論能否有臺灣為主體的哲學體系的一群教授，面對大學經營維艱的現實問題，一轉成為「實用哲學系」的打手，主角丁可凡原本只是一名無學生選課的吃鱉教授，就在這一波哲學系發展新方向中一路逢源，順利卡位。哲學系擴展成為「哲學與宗教學院」，「大學實習神壇」於焉誕生，丁可凡成為院長之同時，自然也拜師求法，得了「了凡」法號。在大典前試穿道袍中，對自己竟然成為教徒一事，丁可凡企圖作出「哲學上的詮釋」：「然而一觸及形上思考的核心部分，我的思想立刻退縮到『世俗』的範疇。在佛教思想中，從『形上』墜入『世俗』中有一複雜的過程，但對我而言，這個過程卻不那麼複雜，這其實是個『跟現實妥協的過程』。」

也許可以預見的是，有論者就要對本書接下來不時的哲學、佛學長篇大論提出質疑，但是依筆者之見，作者正用了一種「移花接木」、「聲東擊西」的隱喻，讓我們看見丁可凡順利妥協的過程中，其實如何狡猾地用這些哲學佛學的長篇大論為自己背書，並找到了說服自己的理由。從《反對者》中主角羅秋南如何痛苦地掙扎，最後決定涉入採取反告訴的妥協，到丁可凡不費吹灰之力給自己的私慾找到正當性出口，在一波波權力中毫髮不傷，沾沾自喜，黃凡豈只是在揭露社會或大學弊端而已！他實則隱喻了當前所有為政者的心態，在整個大環境沉淪的時代，他們其實從不受到自己良心的規範。正如全書終結時，佛家偈語也可以是文字遊戲，還有什麼是不能為成全自己而使用的工具呢？

所以黃凡看似吊書袋引用理論，在《反對者》或《大學之賊》中都是小說主題的一部分，也是他為中文長篇小說開出的一種新局面，這與朱天文、駱以軍用知識論述作為小說質地基礎的技法完全不同。從「超載」的不可承受之重，到「失重」的不可承受之輕。所有的長篇大論在黃凡的小說藝術中，以及他筆下知識分子的道德系統中，呈現出迥異的意涵，其實正是作者觀察臺灣變化最驚人的洞察力體現。

原刊《文訊》二三〇期（二〇〇四年十二月）

郭強生（一九六四～），美國紐約大學戲劇博士。曾任東華大學英美語文學系教授，協助創立創作與英語文學研究所。現為臺北教育大學語文與創作學系教授。曾獲聯合報文學大獎、臺灣文學金典獎、臺北國際書展大獎小說獎首獎等。創作文類以小說、散文、戲劇為主。

# 人／性的空間觀察

## 讀畢恆達《空間就是性別》

◆高大威

空間就是性別
畢恆達・著
心靈工坊文化公司
2004年10月

在我們的社會裡，男孩被教養成為具有空間的支配力……女孩被教養要期待與接受空間的限制。

——魏思曼（L. K. Weisman）

知識令人謙卑，而非傲慢，因為它能幫助人在習焉不察、自以為是的世界中，一點一滴地揭開真相，尤其在逃無可逃、集體制約的社會建構之中。人腦的某一個概念，不只是概念而已，它常牽動了特定的價值判斷與規範認定，換言之，我們面對的不是單一概念，而是一整套系統。在生活世界，由多數人共構的系統自然最為強勢，它決定了個人的道與不道、倫和不倫、得與失、苦和樂。

以古代所謂「男女有別」為例，它述說的絕不止男、女在生物意義上的不同，更導向了天差地別的社會偏見，進而設定了後天的扮演模式，說得更白些，就是所謂的「規矩」。

清代戴震有「後儒以理殺人」之論，胡適繼起，批評裹小腳、立貞節牌坊種種陋習，衛道者認為以偏概全、小家子氣，實際上，胡適確實點出了理學的大盲點、大矛盾。天理流行、民胞物與，順著這些堂皇的宏大論述，我們卻發現了天理流行的奇異軌道，不管是「人病」還是「法病」，呈現的現象總是順我者昌、逆我者亡，這個「我」

是父權社會的男性，禮教因此殺了許多無辜女子，她們被判不守「婦道」，卻鮮有挺身而出、質疑何謂婦道的。總之，那樣的異類不可「胞」、不能「與」，即使循規蹈矩的女子，其天生的雙腳也不在「胞」、「與」的範圍，民胞物與的是強迫忍痛而逐漸變形的小腳——一種取悅男性的病態玩賞物件。胡適批判的是，成天嘴上強調仁以為懷、絜矩之道，面對這些，怎麼竟然視若無睹？還是裝沒看見？胡適說：「人生的大病根在於不肯睜開眼睛來看世間的真實現狀。」對生活世界和學術系統，這都是個嚴重的斷裂。

佛教中，比丘尼應守的戒律為什麼多過比丘？天主教的教宗或樞機主教為什麼沒有女的？回教女子的臉龐、軀體要不要遮掩，為什麼無法自主？宗教所追求的真、善、美、聖也男女有別嗎？難道性別決定了身、身決定了心、心決定了靈？若說那是歷史的產物，名曰傳統；那麼，我們為什麼不回到從前，茹毛飲血呢？

追求至公大愛的宗教尚不免如此，在生活現場，性別歧視的情形就更可怕了，並非有人「倡導」性別歧視運動，它多半藉著觀念複製而代代相傳，並以潛在語彙的形式寄存在我們的生活空間，在權力與慾望上，它不斷強化：男性是主動的主體，女性則屬於被動的客體。

畢恆達《空間就是性別》一書即從我們熟悉的日常空間出發，揭開了潛存的許多性別現象，比如：不但坐姿有男女之別，連騎腳踏車和機車亦然；比如：小學課本的文字敍述和插圖，依然透露著男主外、女主內的意識；有關運動的插圖，運動者幾乎全是男生，女生則是在旁加油的啦啦隊。不但學校教育在傳遞性別的刻板印象，無所不在的空間設計亦然，男、女廁所設計的不公，已是廣為人知的事例。那麼，家人所營造的私人空間呢？也好不到哪裡，女人的家居空間往往也扮演著「被設計者」的角色，吳爾芙所說的「自己的房間」，多少女人能夠享有？客廳、廚房、書房，哪一個與女性關係最為密切？是最舒適的還是最不舒適的？是滿足自我的還是滿足他者的？是家裡的公共場域還是個人的私密空間？或者說，多少女人在家中擁有真正的私密空間？為什麼一位女士會說「先生不在家，我才有在家的感覺」？還有，若有「先生的父母房」，那麼，「太太的父母房」又在哪裡？

許多情境，不身為女性，很難察覺，比方地下停車場令人不安的氛圍，夜間互不相識的一男一女搭電梯，男、女的感覺亦大大有別。一位婦女說進入自己車子的駕駛座，第一件事就是鎖門，她先生就沒有這個習慣；在外頭上廁所則得逐一看看底下有沒有腳……這些，男性都不可能有第一手的認知，只能憑藉轉述而將心比心、克己復禮，或如畢恆達所說——「非要真誠面對自己的內在強暴犯（the rapist dwithin）以及不勞而獲的特權（unearned privilege）不可」。不過，在現今的社會處境中，做男生好還是女生好，倒不難判斷，小學生就知道，畢恆達多次請他們寫作文，女生寫「假如我是男生」，男生寫「假如我是女生」，字裡行間流露出來的是男生享有更多的自由、更大的權力，女生面對的則是較多的拘束與壓力。

《空間就是性別》不僅談物理空間的人為設計，也討論心靈空間的相互對待，性騷擾、同性戀議題亦在關懷之列。這之前，畢恆達並有《找尋空間的女人》、《空間就是權力》等作，他在同一主題撰著不輟，也意味著：撐起半邊天的女性要追回基本的人性空間，路依舊漫長。

告別男性殖民、歸還女性領土，乃是一場方興未艾的啟蒙運動，在地的，也是全球的。

原刊《文訊》二三八期（二〇〇五年八月）

高大威（一九五九～），政治大學中文系博士。曾任銘傳管理學院商業設計系與共同科講師、淡江大學中文系講師、副教授，政治大學中文系副教授等。現任暨南國際大學中文系教授。創作文類以散文、論述為主。

# 詩的慣性書寫與意象思維

## 評鯨向海的《精神病院》

◆簡政珍

精神病院
鯨向海・著
大塊文化出版公司
2006年3月

鯨向海的《精神病院》是近年來極少數詩集裡，同一部作品中詩質優劣如此懸殊對比的例證。翻閱詩集的第一首詩〈斷頭詩〉，有這樣的詩行：「但願我可以像一個無頭騎士／那樣愛你」；「我已經想得太多隨便一隻無頭蒼蠅都可以／比我幸福」，令人有興奮的期待。無頭騎士與無頭蒼蠅的意象是神來之筆，前者雖有浪漫騎士精神，但是愛情可能是沒有大腦的舉止，因而無頭。後者由於想得太多，難以快樂，但是蒼蠅沒有頭不必想，因而比詩中人幸福。

以這樣的意象讓讀者好奇而有進一步的盼望。但在一首一首的翻閱中，偶爾有類似〈斷頭詩〉的創意浮現，但不時讀者期盼的心情會往下墜，當這樣的詩行浮現：「有過一個愛人／感動時牽手／幸福時擁抱／災難來臨時，更熱烈親吻／然後……／你們都知道了」（〈都知道了〉）；「想起比當時　走過鍍銀的山徑／月光留下疤痕　初戀情綿綿／啊　稀疏幾根枯枝　未凍放忘記」（〈無聊落雨暝〉）；「你看那山巔的雲朵／只能繼續移動／海面上湧現無數的船隻／卻從未留下行蹤／人生途中我注定孤身一人／但此刻我深知有人愛我／突然間／感覺全然不同」（〈原來是有人〉）等等。這些詩行除了「月光留下疤痕」的意象外，大都是有關愛情的慣性書寫，怎麼可能是〈斷頭詩〉的作者所寫的作品呢？

於是，讀者的心情隨著創意與慣性的文字上下起伏。看到〈復仇術〉裡「夏天的蕈狀雲轟炸這城市的時候／走到街角／想像所有的冰淇淋都排著隊／跟在我後頭」，心生歡喜，覺得在當下弊案連連的空氣裡，突然散發一種幽香。但看到〈順利長出喉結〉的「我知道你是一個寂寞的人／哀悼這個時代／難過完了／就出現在我夢裡那個街角」，又覺得那股新鮮的芬芳已經遠去，取而代之的是讀者已經過度熟悉的氣味。

為什麼上一段的兩個詩例有優劣之分？為什麼第一段詩行讓人聞到幽香的空氣？蕈狀雲轟炸這個城市，似乎讓人看到戰爭核子彈爆炸的景象，而真實的景觀是夏天雲層低垂，空氣悶熱氣壓甚低。由於悶熱，每人都要排隊買冰淇淋，但意象所呈現的視覺景象，不是買冰淇淋的人，而是冰淇淋本身。妙的是這個意象是「想像」出來的，因此如此的景致更具說服力與新鮮感。進一步想，冰淇淋排隊的意象與前面戰爭轟炸的意象並置，更產生現代文明的突兀荒謬感（戰爭中，還有很多人排隊買冰淇淋）。

但上述〈順利長出喉結〉的詩行卻迥然不同。詩行的意象與敍述推展，幾乎任何人都可能如此書寫。再者，「哀悼」、「難過」、「寂寞」這樣的情緒字眼，是浪漫時代的慣性文字，變成後世一些寫作者的傳承與「遺產」。但有創意的詩人不必直接寫出「寂寞」，卻讓讀者感受到萬般無奈的寂寞。以電影影像為例，假如編導不偷懶，假如編導有視覺的創意，假如編導不以旁白說出角色的寂寞，呈現這個抽象的情緒用語，他必須以不少鏡頭勾勒影像：也許是一個人半夜在客廳裡踱方步，清晨坐在窗臺上一面抽菸，一面看著街道的車水馬龍，黃昏時還坐在窗臺，眼神蒼茫地望著即來的夜晚，地上滿是菸蒂，身影拉長，壓過地上一碗未吃完的生力麵。映象沒有道出寂寞，觀眾卻感受到角色極端的寂寞。

以上兩種詩例，正是成就現代詩美學的分水嶺。情緒性的抽象用語及慣性言情，是類似日記自我的言語。而具有創意的意象思維，則是隱約面對無數不知名臉孔的對話。好詩是一種心靈的發抒，一種開放，意象不假言說，因此更能開放。憂愁寂寞事，人皆有之。但情緒用語，畢竟是日記式的自我道白，假由意象，則較能引發普遍性的迴響。

這本《精神病院》的隱藏作者大部分的書寫，環繞生活與愛主題而發出鬱悶寂寞的語調。敍述的過程，經常讓讀者意識到一個無奈抑鬱的「我」。本來每一首詩的詩中人各有不同，但這本詩集有相當大的類同性。讀者跟隨這個幾近一致的「我」，進入各種情緒，時而類似窺探詩中人日記裡的隱私，時而在其具有創意的意象裡浸淫。

所謂創意，不一定是無中生有。生活是一種重複，但觀點略微調整，創意無所不在。〈早餐〉開頭的意象令人欣喜：「窗外雨景被沖泡出來／感動是即溶的」。以早餐沖泡牛奶，轉移至雨景，以即溶咖啡，轉至觀賞雨景時內心立即溶解而無法抵抗的感動。生活點滴無不是創作的動因。〈鑰匙〉的第一節：「鎖孔中的鑰匙／自己又寂寞地／轉動了起來」，鑰匙不會自己轉，是寂寞的人手不自覺的轉，因為可能心緒不寧或是心不在焉。同樣是寂寞，這裡是一種創意，而上述〈順利長出的喉結〉則是慣性書寫。

創意也可能是自然「一般」的景致，但觀察的角度卻展現新意：「秋天到了／白雲又流浪回原點／失去關懷的樹枝上／許多懸宕的心／已經結成隱密的果實」（〈有秋天抵達的幾則〉）。秋天，「白雲又流浪回原點」是因為在觀者心目中季節的變化伴隨著雲流動變化位置，到了秋天，似乎又回到出發點。流浪的字眼帶有秋天的蕭瑟與蒼涼。樹枝失去關懷，是人平常不注意，但到了這個季節，抬頭一看已經結了果實。果實是心思的隱喻，因此懸宕是果實垂懸的姿態，也是心裡暗藏的牽掛。這些不為人知的心靈祕密，到了秋天，也已經果實纍纍，隱藏的祕密是否就要（收成）付諸行動了呢？意象自然而有說服力。

《精神病院》裡最動人的一首詩是以徐志摩為書寫對象的〈我在國民中學的課堂遇見你〉。詩的進行，以當下作者的詩行與徐志摩的文本穿插。兩相對照，有力營造詩的氛圍。意象在平實中開展，但因為敍述有戲劇性的烘托，甚具情感渲染力，如第一節的結尾：「當你擅自飛離了詩歌／成為撞機身亡的男子」，藉由「飛離」的動詞，牽引「撞機身亡」的悲劇，在接續的前後兩行裡，有鋪陳，有伏筆，有迴響。本詩最大的劇力，在於徐志摩二〇年代與當今後現代的對比，徐志摩當年詩作的光環已日漸褪色；反諷的是，當今對其詩的評價也許不如當年，但是詩人在電視連續劇，以及網路編撰的情節裡延續名聲。這也許是詩人無奈但又難於割捨的命運。

原刊《文訊》二五〇期（二〇〇六年八月）

簡政珍（一九五〇～），美國奧斯汀德州大學英美比較文學博士。曾任中興大學外文系系主任、亞洲大學人文社會學院院長、講座教授、《創世紀詩刊》主編等。曾獲中國文藝協會新詩創作獎、行政院新聞局金鼎獎等。創作文類以詩、評論為主。

# 關於江湖種種

## 讀吳音寧《江湖在哪裡？——台灣農業觀察》

◆傅月庵

江湖在哪裡？——台灣農業觀察
吳音寧・著
印刻出版公司
2007年8月

## 之一

若說閱讀是一種極其主觀的私密經驗，「書話」、「書介」、「書評」寫作，則是此一私密經驗積累的客觀歸納。那麼，面對吳音寧《江湖在哪裡？——台灣農業觀察》，閱讀者或將不免憂喜參半。憂的是，從書寫形式來看，此書一片模糊，既是報導／紀實文學，又是傳記文學；不時滲透小說手法，卻又掃現散文筆觸。待翻讀一過，闔上書頁，則能感受到歷史寫作的大氣澎湃，湧塞心頭。面對這種什麼都是卻什麼也都不算是的寫作形式，前此的閱讀經驗，或者盡皆乏力失效，遑論客觀以對，歸納剖析。喜的是，經驗所無，實亦即驚奇之始，新形式或將引領新視野，足使閱讀累積又增一層經驗更見豐饒。

## 之二

「跨界寫作」的嘗試並非自今日此書始。一九六六年，美國作家卡波提（Truman Capote）出版了以堪薩斯州滅門血案為主題的《冷血》（*In Cold Blood*）之後，「非虛構小說」（Nonfiction Novel）這一名詞被提了出來，「目的在試圖應用一切小說創作方法與技巧來寫一篇新聞報導，敍述一件真實故事，閱讀起來卻如同小說一樣。」在臺灣，早於卡波提五年，作家柏楊便曾以類似手法寫作滇緬邊區孤軍奮戰的《異域》，且獲得廣大迴響。近的來說，小說家吳祥輝二〇〇六年再出發，作品《芬蘭驚豔》、《驚歎愛爾蘭》暢銷一時，成功整合小說、遊記、政論於一書的寫作手法，實與有功焉。而「掌握了敘事結構的外緣，卻跳脫了敘事結構的規範」的作家阿盛，更是以「小說體散文」獨樹一幟，引領一時風騷。阿盛論寫作時曾說：「別忘了自己所來自，別忘了腳踏的土地；土地是實在的，但是它沒有固定的規矩。」土地沒有規矩，此或所以吳音寧必須以這樣繁複得甚至有些蕪雜的文體來寫作關於這座島嶼之上，土地與農人的故事吧。

## 之三

此書兩路並行，一是以所謂「白米炸彈客」楊儒門間雜作者吳音寧，以及其高中同學，日後從政當選立委的林淑芬等三個「彰化田庄囝仔」身世為主軸，敘述其成長、離鄉、反抗體制的根源與經過，手法偏於文學鋪陳；另一路則以紀年報導詳述自一九五〇年迄今，從國民黨到民進黨執政，臺灣農業在政經勢力擠壓下，不斷被邊緣化，農村瀕臨破產的慘澹過程。「身世命運」與「時代變遷」互為表裡，視野遼闊，波濤壯觀，從而顯現個人在時代撥弄中的無奈及其能動性的微弱與堅持的不易。從脈絡來看，此書實繼承一九三〇年代以來，臺灣左翼文學傳統：「對『被侮辱者與被損害者』的人道主義關懷；對社會、經濟、政治階級現象的批判；對國際殖民及資本主義的反抗；對以中國（臺灣）為本位的民族主義的追求；對跨越國際無產階級聯合陣線的號召。」（參見王德威等編著，《臺灣：從文學看歷史》，麥田，二〇〇五，頁一六〇）從某個角度來看，甚至足為因「理念先行」而陷入虛無奄奄的當代臺灣左翼勢力，注入一劑強心針——如不能與自己的土地站在一起，以實踐替代論辯，則所謂的「左」，事實上是毫無意義的。

## 之四

世事難料，人生實難，難在於「善未易明，理未易察」，尤其是在一個資訊遭受控制的時代裡。雖說「每一道烏雲，都鑲有金邊」，但在金陽光芒之中，卻也往往點綴諸多「黑子」。上個世紀六〇年代「臺灣奇蹟」起飛，七〇年代振翅，八〇年代翱翔，這一現代化經驗，幾乎成了第三世界國家豔羨，甚至奉為圭臬的發展模式。然而，一將功成萬骨枯，從農業到工業，從製造業到服務業，臺灣農工階級，在國家政策、經濟發展的前提下，其所遭受的壓迫剝削，七〇年代「鄉土文學論戰」軟性恫嚇，繼之以「美麗島事件」軍警鎮壓後，萬馬齊瘖，「筍農林金樹」、「工廠人」再少有人為其發聲。九〇年代之後，臺灣民主運動風起雲湧，奪權成功於一朝。不幸的是，農工階級依然是被出賣的一群，「白米炸彈」不絕於藍綠政權交替之後，恰恰為此悲痛事實下一註腳。吳音寧此書，瞻前顧後，條分縷析，將「恐怖分子」、「炸彈客」、「冷血暴力」的楊儒門放入臺灣農業的血汗脈絡之中，一舉彰顯了歷史的無情，人間的不義，也總結揭穿了「臺灣經驗」的陰暗面——她所說的，報章雜誌或許陸續報導過，學院研究或許曾經發表過，但截至目前為止，誰也沒有她說得鏗鏘有力，清楚明白，讓人動容，甚至羞慚，假如你已遠離土地很久了的話。

## 之五

「我滿懷著信心，從巨輪蓬萊號的甲板凝視著臺灣的春天——這寶島，在日本帝國主義的統治之下，表面雖然裝得富麗肥滿，但只要插進一針，就會看到惡臭逼人的血膿的迸流！」一九三六年，臺灣左翼文學前輩作家楊逵，以這樣悲痛的話語為小說〈送報伕〉畫下句點。七十多年後，我們翻讀《江湖在哪裡？——台灣農業觀察》，檢視這番話，除了「在日本」三字之外，盡皆適用——失序孤雁逆風飛，江湖寥落爾安歸。傷痛哪，無主的島嶼，失魂的土地！

原刊《文訊》二六四期（二〇〇七年十月）

傅月庵（一九六〇～），本名林皎宏，臺灣大學歷史所肄業。曾任出版社編輯、主編、總編輯，二手書店總監，現任「掃葉工房」主持人。近年戮力籌辦「春風似友　珍本古籍拍賣會」。創作文類以散文為主。

# 後遺民違建

## 評介駱以軍《西夏旅館》

◆張瑞芬

西夏旅館（上、下）
駱以軍・著
印刻出版公司
2008年9月

這是一個有關流亡者後裔的故事，也是一組外省世代身世密碼的解讀。在藍綠依舊對峙，弊案疑雲滿天，兩岸情勢詭譎的當今臺灣，駱以軍四十七萬字小說所傳達出來的惶惶不安，或許並不是過慮。歷史並未過去，它還在進行中。殊不見千萬年前冰雪封存的長毛象遺骸，二〇〇八年夏天正好好的躺在臺北展覽館中，吸引群眾讚嘆的眼光嗎？

像一座充滿譫妄、夢囈、神怪與虛幻的文字汪洋，《西夏旅館》猶如一場魔術嘉年華，觀眾目眩神迷，像童話中的老鼠一般，隨著吹笛手的醉人笛聲，一步步沒入危險水域中。主要是這部長篇小說衍生的龐大枝葉，簡直遮掩了故事主幹，包括李雙全搞軌、倪敏然上吊、黃任中、陳寶蓮與小潘潘、三一九槍擊案、陳冠希、張柏芝、濱崎步、妮可基嫚與茱莉亞羅勃茲，甚至還有章亞若、羅璧玲、老頭子（老蔣）、魔術師（阿扁）都來串場，加上蒙古史與西夏神話迦陵頻伽鳥鬼聲啾啾，更添幾分怪誕不經。可是它的主軸又是那麼清晰，逝去的父祖一輩，他們殘戮悖德，殺妻屠子，是歷史上已經滅絕了的逃亡者、漂泊者。這些外省老杯杯、老靈魂，活脫脫像是白先勇《臺北人》下了戲之後走錯攝影棚。作者藉主角人物圖尼克之口道出外省第二代的心聲：「要輕視他們如此容易，卻花了這麼長的時間，才理解他們的痛苦。」然而，想要「脫漢入胡」，回歸原來身分，是那麼容易的嗎？

作為當今臺灣文壇小說一哥，駱以軍這個長篇花費四年心力辛苦完成，自然是有其特殊意義的。它的歷史寫實如奇幻敍述，無疑是脫胎自馬奎斯《百年孤寂》（尤其是圖尼克父親膝上長出人面瘡這種情節）；據駱以軍的說法，則是受了帕維奇《哈札爾辭典》的啟發；不斷變換敍述者，多線交織的手法，又很像土耳其小說家奧罕·帕慕克《我的名字是紅》。如果把旁枝雜葉撤去，這部長到要在篇末加各章提要的小說，其主線情節其實很簡單。自稱為「世界上僅存的最後一個西夏人」的主角圖尼克（在故事中以詭異的殺妻者身分出現），他的祖父為國民黨一九四九年撤退時的鐵道測量員，隨軍穿越喜馬拉雅山脈進入印度（和千年前最後一支西夏殘兵南下逃亡路線相同），在加爾各答開洗染廠多年。當時幼小的圖尼克父親被棄於途中，路遇奇人神鳥，遂擁有超能力。後來臺、師大畢業，任教臺東中學，曾歷經過被警總刑求的冤獄。他手書的《如煙消逝的兩百年帝國》，以千年前西夏帝國的隕落隱喻自身命運，圖尼克讀後一路追尋身世之謎，最終以造字作為摸索並詮釋這世界的方式。

「西夏」，黨項羌族，是蠻夷，是異族，一個驍勇善戰，專擅突擊，曾經文明輝煌卻亡於成吉思汗手中的沙漠古國。「旅館」，則是歷史不斷複製繁衍如蜂窩般的記憶、細節與隱喻，欺罔的世界，可悲的宿命，殘殺無人的天道。如果它是國民黨政權的隱喻，在這許多鬼魂的夢境中，最讓人不寒而慄的最是亂倫、血腥、屠殺和陰謀。李元昊的殺妻，父祖輩的殺妻，圖尼克的殺妻，連結上章亞若與搞軌案的越南新娘，同是幽靈戰士，黨項人，殺妻者。美蘭嬤嬤、老范，在《西夏旅館》中相當於人鬼之間的中介，也像遊魂一樣的出沒並見證著西夏旅館（百年歷史時空）中發生的一切。相形之下，旅館另一房客安金藏則是作為圖尼克「脫漢入胡」的對照組。居酒屋老闆娘母女仨（家羚、家卉等）、老人、旅館中來去的房客，乃至於山裡的姆米族或圖尼克二號種種，不折不扣是魔術師手中天女散花的炫技，是跑龍套的角色，也根本很像是來亂的。

對照二〇〇八年初朱天文的《巫言》，同屬王德威所稱的「後遺民寫作」，駱以軍新作無疑充滿暴力美學與惡戲本質，把敘述角度拉升到中古世紀，多了時空倒錯／位移的層次感，架構與企圖更大的同時，驚悚感與毀滅性更甚。在沙漠風聲中被滅族殺戮的西夏帝國，如果是外省人及其後裔的隱喻，這座「西夏旅館」，便是「脫漢入胡」的集中營，也是一趟永無終點的流浪之途。如果它是臺灣的隱喻，它的敵患不再是蒙古大軍，那滅族屠城隱隱的威脅則是中國大陸或全球化／網路。駱以軍對時代的焦慮是明顯的。從他文中所稱，「我深深著迷於一切謊言，和說這些謊言之人背後不得不然的動機」很可以見出。用在《西夏旅館》這本血肉模糊，複雜如迷宮，龐大如森林的小說中，則應該解釋為「我深深著迷於一切魔術幻技，和變這些魔術背後不得不然的動機」。

「最是倉皇辭廟日，教坊猶奏吉魯巴」。駱以軍構築的西夏旅館，是「後遺民」

違建，也是道地一個「棄的故事」，是遺棄、遺留，更是遺恨與遺民的身世。和王安憶《紀實與虛構》追溯自己母系柔然族（北魏匈奴）「茹」姓系譜的溫情不同，《西夏旅館》偌大主題終止於一個夫妻反目令人啼笑皆非的突兀結尾，多麼令人想起錢鍾書的《圍城》。這個擺錯時空的黑盒子，無意中對人生的諷刺與悵惘，深於一切語言，一切啼笑。而那顆藍森森祖籍泉州有著阿拉伯血統的美麗頭顱，正不懷好意的站在綠玻璃花瓶上銜著歷史笑著。

原刊《文訊》二七八期（二〇〇八年十二月）

張瑞芬（一九六二～），東吳大學中文系博士。曾任中興大學、中山醫學大學中文系講師。現任逢甲大學中文系教授。研究領域以現代文學及當代散文為主。

# 看見一個完整的人

## 評顧玉玲《我們——移動與勞動的生命記事》

◆林俊頴

我們——移動與勞動的生命記事
顧玉玲．著
印刻出版公司
2008年10月

沒有「臺灣國際勞工協會TIWA」，恐怕就不會有《我們——移動與勞動的生命記事》一書。一九八九年，臺灣開放引進外勞，「國際勞協」則成立於一九九九年十月，宗旨簡明：「增進外籍勞工與本地社群之交流、改善外籍勞工勞動環境與社會處境、增進勞工權益福祉。」簡介有一小段：「我們認為，外勞作為一個完整的人，雖然他們在臺的大多數時間是在勞動當中，但其既已攜帶在身上的文化及勞動的經驗仍是不可切割的部分……」。

「外勞作為一個完整的人」，何其平常的一句敍述，一槌定音，顧玉玲準此申請得到臺北文學年金，卻是史筆那般寫出這一本「我們臺灣人」因為社經與人口結構轉變而或個人便宜行事、或以國家名義不得不加入美其名全球／區域性勞力流動與整合的共構系統，因此惡質產生的新奴工制度與現象，其中種種「人」的血汗與淚水、被侮辱與被損害、剝削與敗德；「我們臺灣人」閱讀時，大概罕有不悲憤、不慚惶、不反問：我們的島國究竟出了什麼問題？我們可是這共犯結構的默許者？

但是，若因此斷定這是一本呼喊公義的激憤之書，未免太小看顧玉玲了。大巧若拙，十五萬字的篇幅，顧玉玲層次繁複的鋪展了三條脈絡，以當下臺灣小說裡剝落已久、幾將失傳的說故事聲腔，素樸而內斂的寫出了一個個我們似可覺察其體溫、心跳與面容情緒的來臺異鄉人，更輻擴——與之關係牽連的臺灣人。嬌小美麗的密莉安，來到荒陋的工廠，巧遇臺灣工人阿溢，相戀結縭；喬伊與荻薇娜，一對落跑菲勞的T與婆，相互扶持但求不會陳屍於社會底層；麗亞與艾爾加，一對異地鴛鴦，絞盡心力為他們的明天與即將誕生的孩子卑微祈求好運降臨。

語言、膚色、文化經驗非我族類這幾個抽樣外勞，與我們一般人何關？他們的異鄉是我們理所當然的本土家鄉，不管是喬伊與荻薇娜，麗亞與艾爾加，對警察的恐懼是那麼怵目的臺灣經驗；更深刻的意義則是這些他者正是我們得以照看自己的一面鏡子。因此，顧玉玲內舉不避親，合盤托出了她的外省第一代父親與再婚母親的波折一生；她筆力上溯，追索阿溢母親淑華，年輕時也曾是如同歌曲〈孤女的願望〉那樣離家北上找頭路的女性；下半身癱瘓而獨居的令狐沖，委屈傾吐對外籍看護工的愛恨情仇與焦慮事實。

在這海島國境，「我們」是誰？近四十萬外勞，數量形成質變，是否有一日也能是「咱的兄弟（姊妹）」？或許是一個太過豪奢的夢想，但該不該、如何被視為一個一個完整的人，而不是用完即棄的生化機器人？《我們》裡兩邊兩國，豈不都是相同尋求人的生存基本幸福？然而可以互為鏡像，互相理解、彼此平視的基礎在哪裡？

如此的關係呼應與脈絡牽扯，彼此辯證，移居與移民，國族與國家，現代化與全球化，資本主義與勞工與人的價值，移動的勞力與社會階層的對峙，通婚與情慾。顧玉玲清明且嚴正的將書中的事件與現象，一步步拉高了視野，並且開列了（或綿裡藏針）一系列讀者無從迴避甚至難以下嚥的問題。這才是真正的書本內蘊的進步性與革命性。

我們如何看待他們？外勞在臺近二十年，這已不是私領域個別的僱傭契約與情感對應，而是一個公民社會必須處理規範的公領域議題。

強行為《我們》分類歸檔是散文是小說，沒有意義且毫無必要。文字共和國裡，它有其獨特的位置與光芒。想要以文學行社會公義之實，畢竟緩不濟急。我個人擔慮的是，普遍的讀者如何對應此書？弱勢與劣勢族群的書寫呈現，不是遂其同情心大發的自我洗滌，閱讀時的熱淚盈眶，闔上書本船過水無痕。衷心願望我們因此驚醒看見正在發生的新奴工制度，看見遍布海島的外勞也是一個一個完整的人。

在顧玉玲筆下，尤其那些得以在周日去到國際勞協的女性外勞，也化妝，也打扮，也時髦，更潛藏著王熙鳳那樣不甘雌伏的女強人；在在令人亮眼。曾經是敕使道、洋奴街的中山北路，她們，正是德國共產黨奠基人之一的羅莎．盧森堡寫給她丈夫的信：「我著了魔似地渴求幸福，準備好跟一頭冥頑不靈的驢子大吵一架，爭取我每天的那一份幸福。」那樣韌性。然而，這是我們的臺灣，數月前，新竹山區破獲了一處外勞集中營。一兩年前，臺南一對父子，長期性侵他們仲介、才抵臺的女性外勞。

漢娜．鄂蘭寫羅莎．盧森堡，論述她是：「在她的心目中，最值得關注的就是現實，其間的美好與恐怖甚至重於革命。」《我們》的最後一行，顧玉玲寫的是：「中山北路的花開了。」

原刊《文訊》二七九期（二〇〇九年一月）

林俊頴（一九六〇～），紐約市立大學Queens College大眾傳播碩士。曾任職報社、電視臺、廣告公司等。曾獲臺北國際書展大獎、金鼎獎、臺灣文學金典獎等。創作文類以小說、散文為主。

# 金門百年，士庶滄桑

## 讀吳鈞堯《火殤世紀》

◆黃錦珠

火殤世紀——傾訴金門的史家之作

吳鈞堯・著

遠景出版公司

2010年5月

從來沒有想到，某個地域的百年歷史，可以用這樣的小說形式來書寫。三十個短篇小說，擷取百年滄桑的吉光片羽，不拘泥於統一的時間節奏或事件規模，有時候是重大事件的關鍵或轉捩點，有時候是小市民心聲所反映的社會變遷；有時候實寫名人權要的作為，有時候探測歷史人物的內心，更多時候，藉著在地居民的切身感受，彰顯各種政局動盪帶來的生活變化與心思感受。此中事件，雖然都配合歷史時間的進程，卻不刻板遵守歷史事件的步驟，而是擷取事實及其精神，在真實的歷史事件之中，融入合情合理的瑣務細節。此中人物，部分採自史料記載，屬於歷史上存在過的真實人物，更多部分來自想像虛構，是為了彰顯在地精神而構擬出來。然而人物雖是虛構，其間涉及的風土民情、生活習俗、自然及社會環境等，卻都充滿了真實感。可以想見，即便虛構了人物或事件細節，作者對於金門風土的一草一木，歷史上的政局變化，以及由之引發的社會變遷、生活景況，不但具有相當充分的認知與了解，也具有深刻的同情共感之體會，所以，在虛構的人物、情節之中，精準傳達了金門的歷史滄桑、士庶百態，其真實感甚至遠遠超過中規中矩的歷史記載。

歷史時空的變化，包括生產百業與經濟榮衰、社會規條與是非好壞等，最容易讓讀者感知冷酷荒謬與真誠可愛。鄭成功伐木造船，驅逐荷蘭人，一方面是民族英雄，然而令土地失去樹木的覆被，導致風沙滾滾，環境惡化，同時又對金門造成傷害。中華民國退守臺、澎、金、馬之後，金門成為前線戰區，居民的生活、行動、土地受到管制，失去民主社會應有的自由，卻也在同時獲得「阿兵哥」人潮的支撐，形成不少商業活動，居民的經濟與生活，因而獲得一定程度的改善。歷史事件的是非功過，只能說一言難盡。金門與廈門，由於地理位置接近，長期以來形成貿易關係。這樣的貿易關係，在兩岸未分治之前屬於正當合法，到了兩岸分治之後則成為犯罪行為，後來兩岸逐漸開放，又變成有條件的合法項目。同一件事情，在不同的時空狀況之下，產生不同、甚至相反的法律詮釋與行為意義，這是歷史上經常發生的，然而金門卻在短短百年之間歷經數變，其變動之劇烈，實非尋常。一個人還來不及獲知局勢變化的時刻，就被捲入動盪的漩渦，甚至遭遇叵測。歷史現實的無情，莫此為甚。然而，當滾滾時代洪流，都朝向權勢地位、物質經濟滔滔湧去之時，不少人弄潮於浪頭，因而獲得豐厚利益，同時卻另有一些人，在追求經濟的同時，不忘堅持自己的職業道德、工作品質，少數甚至寧願歸守田園，安於恬淡的生活方式，這就顯映出時代濁流淘洗不褪的真淳與可愛。

這部百年金門故事裡，有不少功利世故、趨炎附勢的人，也有不少誠懇厚實、正直善良的人。權要來來去去，時局動盪不安，人們卻總是要生活。與土地密不可分的在地居民，無論知識階層的仕紳，或者目不識丁的黎民百姓，才是最足以展現在地精神的主體。這部小說充分把握金門的主體性，選擇許多名不見史傳的在地居民作為主要人物，透過他們側寫歷史，展現最貼近土地與人民的生活圖景，既寫活了一群默默付出的無名英雄，也寫活了經歷動盪依舊長存的金門精神，這應該是最令讀者動容的了。

總而言之，在百年滄桑遞嬗的過程中，生活方式與價值判斷，依隨政局與掌權者的作為而調整改換，甚至悖逆翻轉。昨是而今非，今是而明非。金門其地其人，一方面有其戰略上、歷史上的重要性，另一方面有其受制於人的弱勢與邊緣處境。一個重大事件，帶來生活環境改善的同時，也帶來對在地主體的消費與剝削。一件作為，此刻明明是善意、美德，下一刻卻昭昭成為邪惡、傷害。人民與生命，外來的與在地的，在時空中來來去去，浮浮沉沉，悲喜善惡也同時沉浮難定。讀罷全書，只覺百味雜陳，不勝欷噓。不過，貫穿於百年滄桑的人事之中，隱隱然有一線不滅的光芒，輝耀著金門其地其人。令讀者在欷噓之餘，仍覺得有一股恆在的能量與希望。

以小說來寫歷史，最可貴的應該就在於這份能量與希望的傳達吧！

原刊《文訊》二九七期（二〇一〇年七月）

黃錦珠（一九五九～），臺灣大學中國文學博士。現任中正大學中文系教授。研究領域以晚清小說、古典小說、性別研究、現代文學、文學批評為主。

# 大自然的交響詩

## 評吳明益《複眼人》

◆郝譽翔

複眼人
吳明益・著
夏日出版社
2011年2月

在當代華文小說的書寫中，吳明益《複眼人》拋出了一個全新的面向與課題，而這不但是對於讀者、亦是對於評論者的一大挑戰。它將難以被歸入以下（尤其是當前所流行）的哪一類別：不論是自然生態、原住民、奇幻、環保或是哲理小說，因為這些標籤，都未免窄化了這本小說的企圖心，以及它所開闢出來的多元思考，或許，我們應該借用小說的書名來說，那便是它的「複眼」觀照。於是讀《複眼人》，反倒更容易讓我聯想起波赫士的小說，借用敍事的交響、和聲與對位，打造出歧路處處的花園，而在有限的文字意義之中，釋放出了無限的詩意。

故就這個層面來說，《複眼人》像是一則寓言，但它的寓意並不那般清晰，甚至它的目的，也不在對世人發出警戒；它毋寧更像是一首詩，一首開放的詩，無窮蔓衍的結晶體。

而在這本小說之中，吳明益也果真創造了一個複眼人，他是如此描述「他」的：「他的眼睛跟我們的眼睛不太一樣，有點不太像是一顆眼睛，而是由無數眼睛組合起來的複眼，像是雲、山、河流、雲雀和山羌的眼睛，組合而成的眼睛，我定神一看，每一顆眼睛裡彷佛都各有一個風景，而那些風景，組合成我從未見過的一幅更巨大的風景。」於是無數個別的風景，組合成了一幅更巨大的風景，而這風景是如此的繁複、撲朔、迷離，恐怕超出了任何單一個人的視域之外，故令人不禁啞然，歎為觀止，宛如目睹海面水波之蕩漾，漣漪環環相扣，撞擊，相抵，又復相生，而這也正是《複眼人》這本小說所開創出來的奇妙幻覺。

如果真要說，《複眼人》有什麼寓意的話，那麼，我想這可能也最接近它所欲傳達的旨意吧：大自然之神祕無窮，處處埋藏線索和密碼，而相形之下，人類卻充其量不過只是汪洋之中的一滴水罷了，被收納在它浩瀚的懷抱裡，所見所得，也僅不過一偏。然而吳明益卻以非常節制、含蓄，卻又巧妙穿梭交織的筆法，寫出了大自然中不可道之道，所以如果我們強作解人，說多了，反倒又會將《複眼人》推落言詮的俗套。

這也是《複眼人》不宜被歸入哪一類小說的重要原因，它不能輕易被辨認，匆匆貼上標籤。

楊照說，《複眼人》寫的是「毀滅的日常庸俗」，「主要的是山、海環境的毀滅，然而依隨著山、海環境的毀滅，必然有連帶的，更複雜的毀滅，人與人感情狀態的毀滅。」確然指出了這本小說的核心，但相對於一般預設立場鮮明，結構脈絡嚴謹，或是故事情節導向的，以環境災難為題材的作品，《複眼人》則又如書名「複眼」所云，似乎不願掉入一固定的邏輯之中，而更偏向透過多重的、「複眼」的思考，去交相撞擊激盪，而形成整本小說的發展脈絡。正如吳明益在〈後記〉中談到寫作這本小說的過程：「和過去從記憶挖掘出的小說不同，這部小說裡沒有一個人物是預設的，也沒有事件純粹屬於我自己的記憶。

我總在寫完一段之後，故事就此停頓在那裡，等待某天，另一個人物出現，告訴我故事要往哪裡去。我並沒有把現實編織出一本小說的意圖，在寫作時，只是用了腦袋裡的材料，替故事找出路而已。」也因此，作者的態度是開放的，我們讀到了他對於臺灣這座島嶼從社會乃至生態環境的諸多批判：學院的僵化教條，庸俗的觀光文化，漠視自然生態的毀壞，媒體的無知喧囂，以及與生俱來的美感的貧乏，乃至貪婪粗暴……也讀到了他對於生存和記憶的哲思辯證，而在現實困境的籠罩之下，這本小說中的人物卻仍掙扎著，試圖破繭而出，尋找呼吸的出口，阿莉思、達赫、哈凡、傑克森……原住民、北歐、臺灣漢人，各從不同的思維和文化背景出發，以「複眼」重尋島嶼的新生的契機與力量。

當然，太平洋上漂浮的垃圾渦流，是《複眼人》中重要的意象，然伴隨渦流而至、漂浮來島的，乃是來自瓦憂瓦憂島的阿特烈，彷彿是在腐朽敗壞之中，又滲透入了一絲啟蒙的曙光。在小說末了，阿莉思兒子托托的死——或者說，死亡早已發生，只是虛構的記憶不斷把它往後延宕，再對應於阿特烈的情人烏爾舒拉所產下的孩子，也讓這座被垃圾所環繞的、耗損殆盡的島嶼，似乎從此有了新生的可能。

暴雨將至，洪水，接下來便是天地再造。自然的輪迴恩典，讓生活在「毀滅的日常庸俗」中的人們，也從而有了救贖的可能。

原刊《文訊》三〇八期（二〇一一年六月）

郝譽翔（一九六九～），臺灣大學中國文學博士。曾任東華大學國語文學系、中正大學臺灣文學研究所教授，現任臺北教育大學語文與創作學系教授。曾獲聯合文學小說新人獎、時報文學獎、中央日報文學獎、臺北文學獎、新聞局優良電影劇本獎等。創作文類以小說、散文、劇本、論述為主。

# 啊！伊是荷蘭ㄟ船醫

## 我讀陳耀昌《福爾摩沙三族記》

◆張瑞芬

福爾摩沙三族記
陳耀昌・著
遠流出版公司
2012年1月

報上見二〇一二年早春臺北國際書展中，馬英九買了一本陳耀昌《福爾摩沙三族記》。大驚！這可是我抱著讀了整個舊曆年的書哪！或許是哪個有概念的幕僚建議的，而他絕不會知道的是，我有個小學女同學就是一頭紅毛的。

在那個學校圍牆旁就是赤崁樓的臺南成功國小操場，我日日看著身高腿長站排頭的她，一頭夾不服貼的鬈細短髮在風中飛揚，陽光下閃著金屬般近似橘紅鐵鏽的色澤，有侵略性，且令人不安。在南臺灣一堆黑炭頭中，她像隻白鷺鷥一樣難堪。皮膚像粉腸沒煮熟，瞳仁淺，輪廓深。不漂亮，功課平平，垂頭喪氣。土生土長的，據說是隔代遺傳，據說父母都很正常，據說她阿嬤很奇怪長得像外國人。

我原以為安平追想曲那金小姐，八成要從她阿嬤身上調查起（父系荷蘭人）。看了《福爾摩沙三族記》後，才驚覺這些三百多年後遺留在臺南本地的紅毛孩兒，更可能母系是荷蘭人。如此書所稱，荷蘭牧師亨布魯克的女兒瑪利婭（含一六六二年後未遣返的荷蘭少女），嫁給鄭成功部將或當地漢人生下的後裔。果真如此，傳唱已久荷蘭ㄟ船醫未必是真，倒是臺南這地方交雜的荷蘭、漢人、平埔族血緣與恩怨情仇耐人尋味。王家祥小說《倒風內海》、《山與海》十幾年前就上演過這齣劇碼。春夏之交的倒風內海，荷人據臺後，一九三五年曾血洗麻豆社西拉雅平埔族，殺戮慘重。年輕的麻豆社獵人沙喃，因與漢人亦有領土糾葛，在漢人郭懷一起義中，被迫與荷軍聯手剿郭。故事的結尾是一六六二年更強大的鄭成功船隊打敗荷蘭人，平埔族像鹿群般敗逃至更深的山裡，應驗了巫婆部族瀕臨滅絕的悲傷夢兆。

如果說王家祥的《倒風內海》是原住民觀點，陳耀昌《福爾摩沙三族記》正是另一個臺灣演義中少見的臺南人荷蘭觀點。身為永福路陳德聚堂（鄭成功部將陳澤）後人，家族疑似有荷蘭人血緣，身為臺大血液腫瘤科醫師的陳耀昌，掌握了荷蘭長官揆一當年與鄭軍對峙的圍城紀實《被遺誤的臺灣》，晚近翻譯出版的四大冊《熱蘭遮城日記》（安平古堡），與《巴達維亞城日記》（印尼雅加達）這些出自荷人之手的珍貴史料，以細膩引人的文筆，相當貼近事實的還原了荷鄭相爭時期的歷史原貌。《福爾摩沙三族記》不但道出鄭成功真正死因是悲憤自戕，今天盛行全臺的電音三太子，也起源於鄭成功及其部將離棄父系背水一戰的孤兒信仰。

在荷人、漢人、平埔族三方衝突中，《福爾摩沙三族記》關鍵且成功的運用牧師亨布魯克（Hambroek）一家人在臺始末，串起了這個「西方遇見東方」故事主軸與歷史情節。書中少見的荷蘭觀點，矯正了不少漢人角度的偏見。國姓爺原來也是七情六慾很人性的，荷蘭人竟然敗在內訌輕敵上，而當時的海盜、艦隊與漁船，來來去去簡直一人分飾數角。做生意占地盤，多語並用信仰混雜，好像臺灣很早就這樣了！

荷據臺灣，總計卅八年（一六二四～一六六二），正巧約同此時（一六二四～

一六六四），也以西印度公司為名義占領了地球另一端的曼哈頓島（「新阿姆斯特丹」），就是現在的紐約。也是一樣與印地安人毛皮交易，鎮壓兼衝突，只不過大量移民與後來權力易幟英人，成了歐洲人落腳美洲新故鄉的融合喜劇。湯錦台《大航海時代的臺灣》就說得很精闢，十七世紀大航海與大殖民時期，堪稱有史以來第一波全球化衝擊。鄭氏父子的海上武裝並奪回臺灣（一六六二），意義在於約束了荷蘭人在亞洲的進一步擴張，一六八三年清領之後，臺灣持續避開被西方強權持續殖民如印尼、菲律賓的命運，因而發展出一個成熟的漢人主體社會。（註）

由此看來，鄭成功功勞大了，絕不是教科書一句「鄭成功趕跑荷蘭人」可以了的。而荷蘭人在臺灣，除了「紅毛土」、「荷蘭豆」、「番薯」、「番薑」（辣椒），他們也是有血有淚有挫敗的。陳耀昌《福爾摩沙三族記》，故事由一六四八年荷蘭喀爾文教派牧師亨布魯克全家由荷蘭臺夫特赴臺開始，他的二女兒瑪利婭最後以異國女子（殖民者）的身分，懷孕生下混血後代，終生與殖民地命運緊密交織。這寫法猶如陳玉慧《海神家族》裡的三浦綾子，小說中的媽祖神像與聖母瑪利亞，是神聖也是原罪，同樣作了完美的悲憫象徵。從《福爾摩沙三族記》來看，施叔青的《台灣三部曲》（清領鹿港、日治花蓮、國民政府臺北）不僅時代太晚且欠缺南部觀點。鄭、荷爭戰這一段，可真是精采得貨真價實且令魏德聖動念啊！

臺南這一舊城，可以說是十七世紀西方海洋強權荷蘭與臺灣歷史糾結的主要現場。從荷蘭人畫的臺灣地圖來看，臺灣真是躺倒（打横）的。普羅民遮城（赤崁樓）和熱蘭遮城（安平古堡，大員）隔海對峙，中間是倒風內海的淺水灣（如今北門將軍一帶，潟湖淺灘沙洲，土地貧瘠的鹽分地帶），僅容小舟，不利戰船。一六六一年鄭成功如同得到天助，數萬船隊經過鹿耳門，藉漲潮駛入平常水淺的倒風內海，迅雷不及掩耳占下赤崁樓為據地，與堅守熱蘭遮城的荷屬長官揆一大戰九十三天，圍城三月，在荷蘭巴達維亞當局錯估情勢下，荷軍不敵，一六六二年飲恨失去臺灣。從揆一《被遺誤的台灣》看來，這後來被流放到爪哇東部班達群島的敗戰將軍，可真是字字血淚！

魏德聖要拍臺灣三部曲的鄭荷歷史，兩處古戰場外的另一個林口霧社街，可就是麻豆了。有興趣者自可去看詹評仁《麻豆鎮鄉土誌》或如今麻豆「倒風內海故事館」挖出來的水崛頭（古麻豆港）遺址與古物。麻豆社除了是平埔族據地，此處也是「魍港」（蚊港）的商貿範圍，海盜、漁民、商人聚集地，顏思齊兼鄭芝龍發跡地點，《福爾摩沙三族記》裡的重要場景。書中亨布魯克一家在麻豆社設立教堂傳教，亨布魯克與女兒瑪利婭曾由麻豆途經油車行去大員（熱蘭遮城）見荷蘭長官，在油車行（種胡麻，製麻繩麻袋或榨油處）見到漢人頭領郭懷一，與早年在魍港捕烏魚的烏嘴鬚宋哥。這途中所見所聞，穿針引線的點出了當地族群的複雜背景，也預見了經濟利益與文化差異下一觸即發的衝突。

《福爾摩沙三族記》全書四百頁巨幅，讀來卻引人入勝，除了文筆細膩，作者巧妙將歷史與虛構交織的功力，實不可小看。主場景與人物都是真的，例如一六二九年麻豆社族人曾於麻豆河集體襲殺荷蘭士兵六十二人，導致一六三五年荷軍屠殺麻豆平埔番社報復。一六五二年郭懷一事件（漢人農民起義抗荷）後，荷蘭人為了固守赤崁才建了普羅民遮城（今赤崁樓）。《福爾摩沙三族記》裡守普羅民遮城的貓難實叮（Jacobus Valentijn，又譯巴連泰）、守熱蘭遮城的揆一（Fredrick von Coyett）、牧師尤羅伯（即尤紐斯）、亨布魯克（即漢布魯克），包括通事（翻譯官兼漢人頭家）何斌，都是史實，因為虛構了女主角瑪利婭，歷史才整個小說化起來。

瑪利婭十六歲跟隨父親亨布魯克來到福爾摩沙，與平埔少女烏瑪結為莫逆，並親近學習西拉雅語、漢語。在郭懷一起義失敗後，眼見族群衝突，十分憂心。在荷蘭與鄭成功對峙的戰事中，亨布魯克被鄭成功一怒之下錯殺，瑪利婭遠在荷蘭的愛人楊恩又意外喪生，曾為鄭成功翻譯的瑪利婭最後被指派給部將陳澤為妾，並認同了這塊土地留下來。

而這，會是我那小學同學的查某祖嗎？

站在赤崁樓想像當年這是巨濤拍岸的海邊，正如站在寥落的麻豆舊街五王廟想像海盜橫行商賈雲集。陳耀昌《福爾摩沙三族記》像一個時光寶盒，開啟了我對自己祖籍麻豆「蚊港厝」「油車里」與長輩說咱第一代是「赤腳嬷」（平埔族）的驚奇。三百多年後，瑪利婭的後代與烏瑪的後代同站一個小學操場升旗（也可能同時煩惱算術成績），那帝國的落日餘暉，彷彿還紅火火亮閃閃在她的髮裡閃耀著！

註：湯錦台《大航海時代的台灣》，初版於二〇〇一年，對十七世紀臺灣在世界舞臺的位置，尤其西、葡、荷、日多國環伺的海運貿易與戰略重要性，剖析甚詳。曾在臺南長老教會的蘇格蘭甘為霖牧師（William Campbell），一九〇三年出版的《荷蘭人統治下的臺灣》亦可參考。

原刊《文訊》三一七期（二〇一二年三月）

張瑞芬（一九六二～），東吳大學中文系博士。曾任中興大學、中山醫學大學中文系講師。現任逢甲大學中文系教授。研究領域以現代文學及當代散文為主。

# 召喚歷史與未來

## 評黃粱史詩《小敘述：二二八个銃籽》

◆鴻鴻

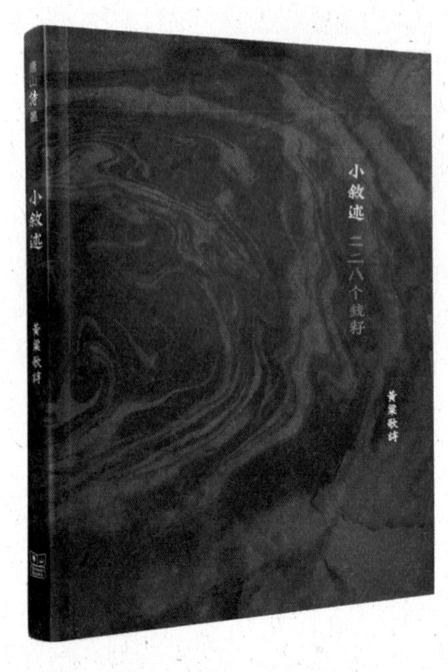


小敘述：二二八个銃籽
黃粱・著
唐山出版社
2013年6月

作為臺灣的歷史沉痾，二二八的調查論述不少，在文學——尤其是詩的領域，卻少見有能力或意願挑此重任者。一九九七年李敏勇曾編《傷口的花：二二八詩集》，內容也未必都與二二八直接關涉，而率多悲憫、悼亡、抗議的情感抒發。向陽〈一首被撕裂的詩〉則從形式到內容都發人深思，以大量的空格□□□□取代部分文字，顯示被掩口、遭槍子洞穿的歷史真相，可以說是一記有力的狙擊。

一九八九年〈一首被撕裂的詩〉索要的是一個未實現的道歉，如今形式上的道歉多矣，傷口卻仍不時發炎，顯然這個民族對歷史的體會、省思、追究仍嫌不足，文學在此刻站出來，或能有一臂助力。黃粱《小敘述：二二八个銃籽》便堪稱正面迎戰此一命題的野心之作。除了正文十四篇，尚前有〈題詞〉、〈獻詩〉、〈序曲〉，後有〈振魂曲〉、〈為臺灣祈禱〉、〈後記〉，俱出以詩體，殆為史詩無疑。

黃粱，我以為是被詩壇低估的一位重要詩人。他長期隱居寫作，除詩作外也大量撰寫詩論、並主編大陸先鋒詩叢，畢生以詩為唯一職志。從他新近結集、與《小敘述》同步由唐山出版的《野鶴原》中，可見他卅五年來的創作，從古典與天外借火，卻畢現凌厲的當代感：意象潑辣、語言精警、思維深沉，於臺灣詩壇傳統之外另闢蹊徑，十分耐讀。

《小敘述》卻與黃粱潛泳物外美感的一貫詩風迥異。全書以史領詩，十四篇正文如同十四位人物的獨白報告劇，從陳澄波、張七郎、謝雪紅、廖進平等真實人物的後人口述或旁敍，到演講、新聞、劇評、廣告等公共文本，國語、臺語、客語眾聲喧嘩（還附有拼音註釋），宛如一曲跌宕起伏的交響詩。由於大量引用口述歷史，讀來時如分行小說、時如說書、時如新聞紙，詩人穿梭其間，偶出警句或為背景著色。作者在這裡拋卻「詩」的包袱，不被美學分類框限，掌握了強大的敍事能力與抒情神采。

所謂「小敍述」，當然是相對於強勢的「大敍述」而來。書中對官方文獻的利用，造成巨大的反差效果，也彰顯了「小敍述」——個人記憶細節與場景——的必要性。例如第十二篇引用光復周年《臺灣名人寶鑑》的宣傳詞，對比臺灣菁英被屠戮的現實不言可喻，極盡諷刺。又如第四篇〈彼工落山風吹甲真大〉透過許昭玉、許明男姊弟眼光看他們的父親被捕、槍殺的經過，場景聚焦在軍警聯手捕人時，強取受難者家中金銀財物的驕態，連一把剪刀也不放過。在被捕前穿插阿爹教他們的〈三民主義好政治〉歌詞，受難後又冒出〈思想起〉的歌聲，暗喻二二八讓臺灣民眾從對三民主義政治的嚮往，回轉到認同原鄉文化與自舔傷痕的悲情，手法高明。

詩人的意圖，在於「列開傷喙个銃聲搵血寫詩／佇死佮死个夾縫跳舞袂當停睏」，或是用國語這麼說的：「一支單人羽箭射向今天／不偏不倚的一甲子飛行／匆促黑暗的死攔不下它／逸樂痴呆的光明也不能」。一語道破詩人不但抵抗的是過往的大敍述，更是現今這個時代，資本主義價值取代正義與真相的「逸樂痴呆」。相對於「農村武裝青年」高唱的〈沒正義就沒和平〉，黃粱也在不屈不撓追問：「劊子手到底藏咧陀？」

無怪乎，詩人以篇幅最長的〈振魂曲〉（不是〈鎮魂曲〉！）將歷史延伸至今天。呼應書前的題詞；「轉來吧祖先！轉來吧囝孫！」他召喚的不只是歷史，更是未來的子孫。詩人不但冀求對臺灣過往的「認識」，更期盼「山川草木點滴悔悟」。後記中這至美的意象，回歸到黃粱最擅長的語言——取消介系詞連接詞，主詞可以是「我們」，也可以是「山川草木」。讓我們穿越歷史後，能從山川草木中得到臺灣主體意識的證明與醒悟。

雖然全篇格局大器，美學生猛，但或者由於情感激烈，一些強烈的意象與太急於表白的詩語，多少有種「搶話說」的遺憾。如「罪行曾經將歷史毀容」意念含混不明，或是「花樣離奇的飽嗝混淆了夢與現實」轉譯繁複失焦。「詩」與「史」的聯手或掣肘，在全書中仍有稜角待磨，或待思索。而緊貼史料的真實，也讓我不禁期待，或許還有藏在史料掛一漏萬間隙的「小敘述」，可以再行開挖。

原刊《文訊》三三五期（二〇一三年九月）

⋯⋯⋯⋯⋯⋯⋯⋯⋯⋯

鴻鴻（一九六四～），本名閻鴻亞，國立藝術學院戲劇學系畢業。創辦《衛生紙＋》詩刊、黑眼睛跨劇團，曾任《現代詩》、《現在詩》、《表演藝術》主編等。曾獲吳三連文藝獎、南特影展最佳導演獎、芝加哥影展國際影評人獎等。創作文類以詩、散文、劇本、小說為主。

# 歷史狂流裡的柔韌之聲

## 讀唐香燕《長歌行過美麗島——寫給年輕的你》

◆李金蓮

長歌行過美麗島——寫給年輕的你
唐香燕・著
無限出版
2013年12月

一口氣讀完《百年追求》（三冊）和《長歌行過美麗島》，前者氣勢磅礡，分述臺灣在日據、《自由中國》時期、美麗島事件前後三個階段，知識菁英們爭取民主的歷史過程。後者則像是流經歷史高牆邊角的一淙細水，滲入人心。一大與一小，彷如高低音合奏齊鳴。

一九七九年底，發生影響臺灣深遠的美麗島事件，黨外政治人物陸續遭受逮捕、審判（見《百年追求》第三冊：《民主的浪潮》），他們的女眷們，驚惶失措、卻不失志，紛紛代夫投身選舉，延續政治改革的香火。當時，我和許多沉睡的人一樣，驚訝於臺灣社會底下被壓制的聲音，竟是如此巨大。記得當時讀到林義雄妻子方素敏所寫的詩〈盼望〉，深受觸動，以文學的情懷感知到受難家屬的悲心痛楚。（要到更久以後，才知道這詩的作者其實是作家林雙不。）

〈盼望〉一詩反映的是女性微弱的心聲：「人家說你是好漢，我就哭了，我寧願你只是孩子的父親……」在那個女性主義萌芽未啟的年代，女性的委屈衷腸、倚門翹盼，輝映著男兒志在家國的革命豪情與時代使命。

時隔三十餘年，則有《長歌行過美麗島》，歷史狂流裡女性的柔韌之聲，再度響起。令我驚醒的是，當年的狂飆事件，如今已濃縮為歷史年表裡的寥寥幾行文字，當事者不說，我們即不去探問，不思理解走過那段道路的人，他們的精神樣貌。我們是否太滿足於現有的民主果實、而致遺忘？

《長》書作者唐香燕，她的先生陳忠信因美麗島事件被捕入獄，那年，他是《美麗島》雜誌執行編輯，而她，廿七歲，新婚未滿一年。

本書分成三章，首章〈外省女兒〉敍述作者父母從上海到臺灣，親歷二二八事件後生下她，讓她在嬌寵中成長；二章〈美麗島新娘〉敍述美麗島事件經過、受難家屬的驚恐以及營救丈夫的勇敢果決；末尾〈世界媽媽〉則敍述與兒子的生活點滴，兒子成年後赴英讀書，開始嶄露設計的頭角。三個時空階段，是作者的三段人生，讀者難免將目光焦點停留在中段的政治大風暴。其中〈一九七九，動盪美麗島：側記唐文標〉一文，紀念了慷慨激越的一代文人唐文標，也盡述一頁驚心動魄的臺灣大歷史。

在威權統治的時代，挑戰政治的男人都有坐牢殺頭的心理準備，但天之驕女，喜愛文學，毫無政治概念的新婚妻子，要如何度過漫漫長日？她害怕嗎？作者說：「怎麼不怕？全臺灣一陣暴風掃過。我們天天聽到這個朋友進去了，那個朋友進去了……」恐懼嗎？「有一天我下班回家，發現洗手間的抽水馬桶非常骯髒，穢物沒沖，是有人進來用過，不想沖乾淨。」還有，那無邊的空虛與惶然，「我沒法忍受坐在自己家裡，心中惶然，一刻不寧。家對我而言，只是一座空屋……」、「出事以後好一陣子，我常常在發抖。好像在狂風裡穿得不夠多一樣停不住的發抖……」。

男人去坐牢，女人變成暴力分子的太太，小孩是暴力分子的小孩，女眷們天天聚在一起，互相扶持，抵禦外界無情的側目，她們退無可退，必須儲備力量站起來，「告洋狀又怎樣？為了救丈夫，什麼狀我們都敢告。」

自序裡作者說，遭遇政治迫害的打擊後，數十年來，即使對至好的朋友，她也「無法說」，這是一種「怔忡失語」。

何以經過這麼久之後，她願意說了？答案在書的副題：寫給年輕的你。這個你，是其夫繫獄四年歸來後，他們生下的寶貝兒子函谿，小名阿牛。阿牛的降生是作者與世界和解的禮物，她辭去工作，專心照養，也在母愛裡修補人生的缺洞。如今，孩子展翅高飛，遠在世界的另一端追求前程，她則為他寫下父母經歷過的事，文章寫成，她傳給遠方的兒子，語氣淡然說：「和你有些關係，有空看看吧。」一首長歌，聲悲鳴，但她親愛的孩子已能「帶著這些故事，繼續寫下新世代的篇章」。

作為讀者的我們，看著作者夫妻艱難的步履留痕，能走到前瞻望遠的結局，是多麼的欣慰啊。也因如此，更加體會書寫的意義，遺忘恰是威權的溫床，如作者這樣的微小女子，終能夠跨越怔忡失語的困境，以紀實之筆，拯救我們的遺忘。隱隱地，我也為早已發揚光大的女性主義，找到了新的註解。

《長》書裡收入多篇作者寫給牢獄中先生的書信，信中均是家常文字，談過年、談中秋，談炒豬肝和燉魚頭，「請你慢慢吃，好消化一點……」這是女人在意的尋常物事，讀來真是心惻惻。不過，其中一封春節年後寫的信，末尾的祝語，竟是祝福獄中先生「豬年行大運」，我讀之一笑，那是大風浪裡的純真，真好！

原刊《文訊》三四〇期（二〇一四年二月）

李金蓮（一九五六～），金甌商職畢業。曾任環華出版公司、時報出版公司、《中國時報·開卷》主編等。曾獲時報文學獎、金鼎獎出版報導獎、金鼎獎特別貢獻獎、金鼎獎文學類圖書獎等。創作文類以小說為主。

# 飛魚教室的夏午

## 讀夏曼・藍波安《安洛米恩之死》

◆張瑞芬

安洛米恩之死
夏曼・藍波安・著
印刻出版公司
2015年7月

二〇一五炎夏讀夏曼．藍波安新作《安洛米恩之死》與《印刻文學生活誌》六月號專輯，除了惋惜創作豐沛的他錯失今年聯合報大獎百萬獎金外，更發現數年風霜下來，他愈發老了，是老到可以說「願野蠻與落伍與我常在」的飄撇硬漢了。夕陽已經低到靈魂先前肉體的年齡，但夏曼．藍波安筆下層層疊疊的海波浪，卻依然複沓循環，永無終止。二〇〇九《老海人》寫三個島上的邊緣人安洛米恩、達卡安、洛馬比克，二〇一二《天空的眼睛》是浪人鰺與老漁夫的獨白，二〇一四《大海浮夢》壯遊南太平洋，這本承繼《老海人》而來的《安洛米恩之死》更罕見地觸及了教育認同與宗教迷思。教會與學校，遠不是少年達卡安的天堂，航海家族的獵魚高手安洛米恩，適時給了達卡安一場深海的翻轉教學，於是一老一小行在礁石沿岸帶著魚槍的身影，「神經病」對上「零分先生」，成了此書的奇異風景。

蘭嶼達悟族作家夏曼．藍波安在臺灣文學（或者大至華文創作）中，二十年來，堪稱地方包圍中央，海流包圍主流的絕佳典型。二〇〇七年我在一次文學營中認識他，那年年終，我難得在電話中聽到他酒後的心聲。他說彩虹有四十九種顏色；吃相含蓄的，不要和他交朋友。隔著一個海洋，他調侃自己又讀書又寫作又造船又捕魚，又會裝瘋賣傻，又會說故事，是絕無僅有的人類。我知道他的故事還很多。年輕時拒絕保送師大，在臺北打工開計程車南陽街補習這一段受壓迫史，餓到胃穿孔，大學聯考無力畫答案卡，才真叫血淚斑斑。家族的苦難與漢人的踐踏，使他終身受傷。淡大法文系時也讀過卡夫卡、米蘭·昆德拉、佛洛伊德，「全是胡扯」，終歸是法農的《黑皮膚·白面具》，使他徹悟學漢人是不對的。有兩句話，即使是在很濃的酒意下說的，聽來也很清醒。「沒有一個好的作品是可以憑空想像的」，他說，「我不是漢人作家。作家的責任，不是那麼輕鬆的。」

把我驚呆了的，還包括當時正讀成大臺文博士班的他說學院裡有妖氣。事實證明我暗夜中踽踽獨行，一直是個無能為力的遊魂，而他看破離開了體制，直到如今。八年不是短時間，眼見夏曼·藍波安擺脫《冷海情深》、《海浪的記憶》裡的徬徨自問，二○○七年後《航海家的臉》、《老海人》、《天空的眼睛》開始了一系列滄桑紀事，二○一四《大海浮夢》配上大量珍貴照片，把一生總綰起來，童年夢魘與遠征南太平洋對應被殖民困境，成就了完整的論述體系。正當我以為氣勢格局都很恢宏的《大海浮夢》差不多已經總其集成時，又來了這本《安洛米恩之死》，而夏曼·藍波安正在書寫中的《大海之眼》，正是那絕對精采，非常有哏的天涯孤星淚，臺北奮鬥記。

二十年來，夏曼·藍波安這些圍繞著三千多人蘭嶼島，且孤門獨市、說之不盡的藍海故事，不只散文小說難以區隔，許多人恐怕當作藍色珊瑚礁式的海角新樂園，用以妝點多元文明而已（教科書多選用美麗詩意的〈海浪的記憶〉，並與廖鴻基並列為海洋文學，大概很難用夏曼抗議黨國機器和核廢料那幾篇吧）。然而海角樂園恆與垃圾廢物並存，正如安洛米恩蹲在鐵皮家屋裡，米酒、泡麵、鮮魚湯的混吃法一樣，現代與傳統，醜與美，品質差的正常人與優質神經病。我第一次感受到夏曼．藍波安如此幽默，罵人與自嘲一起了，你還還不了嘴。正如《大海浮夢》裡說的，達悟人從來沒有生態保育這名詞，飛魚季節不抓底棲魚類，是要讓珊瑚礁底棲魚「休息」，不可叨擾，正如飛魚季節出海獵魚除了為己，也是為海洋服務。人己合一，也是人魚合一。《安洛米恩之死》首章藉達卡安的眼，隨著安洛米恩深潛海底，那礁岩獵魚的英姿，真是寫得新鮮熱辣，尾章安洛米恩岩洞激情邂逅日本美女Q果那段，也難得給夏曼陽剛的文字增添了一抹豔色。

人不跟山林海洋打架，注定要和外來思維扞格。《安洛米恩之死》一書中，安洛米恩與張正雄老師形成鮮明對照，在野蠻和文明間拉鋸著。早早就逃離學校的安洛米恩是體制中的失敗者，邊緣人，眾人眼中孤獨的神經病，赴菲律賓和臺灣的漁港打工多年，厭惡濫捕鯊魚鋸切魚翅的殘忍，之後經由臺東返回蘭嶼，醉中被偷光所有身上的錢和潛水錶，僅帶著一隻小黑狗返鄉。張正雄老師（族名夏曼．立亞肯恩）是安洛米恩的表哥，早早去臺灣念完師範返鄉教書，成為「依靠嘴巴説話的領薪階級」，他上教堂做禮拜，在現代化客廳喝咖啡看ＮＢＡ，遠離了祖靈與傳統獵魚習俗，這正是安洛米恩所蔑視的劣質正常人。大海是另一場生存遊戲，殘酷舞臺。在深切的反省下，張正雄坐船出海參與捕獵飛魚，逐漸找回自己生命原初的素樸與悸動。

周布良（不良？）牧師與黨工潘主任，是島嶼上另一種浮游的魚群，游移在自己所屬的群體與外在環境中。安洛米恩則徹徹底底是社會的疏離者，親友俱亡的孤獨者，然而一個人有一個人的清醒。他乖離文明，一個人聲嘶力竭反核，終至窮途末路，說出了這樣美麗又傷感的話：「上帝不存在，但是，有很多仙女在星星裡。」仙女，正是安洛米恩失蹤離世，使他思念逾恆的母親。安洛米恩相對於黨國教育與宗教殖民，是太無力了，不但阮囊羞澀，更屢屢醉倒，由他的徒弟達卡安送回家中，原本俊美健壯的軀體逐漸破敗頹圮，雖然也曾力圖振作，海王子終究難逃宿命，步上大哥後塵，精神失常自殺於醫院，成了殞落的一顆孤星。

安洛米恩，在我眼中真是與野蠻與落伍常在了，適合披一頭長髮桀驁的站在北海鱈魚香絲封套上。至於我，現在比較接近優質神經病，在結束一年休假後，想到要回去學院，真是「很痛，我的頭」。

原刊《文訊》三五九期（二〇一五年九月）

張瑞芬（一九六二～），東吳大學中文系博士。曾任中興大學、中山醫學大學中文系講師。現任逢甲大學中文系教授。研究領域以現代文學及當代散文為主。

# 盡是魅影的南方小鎮

## 黃錦樹的衍生長篇《雨》

◆張錦忠

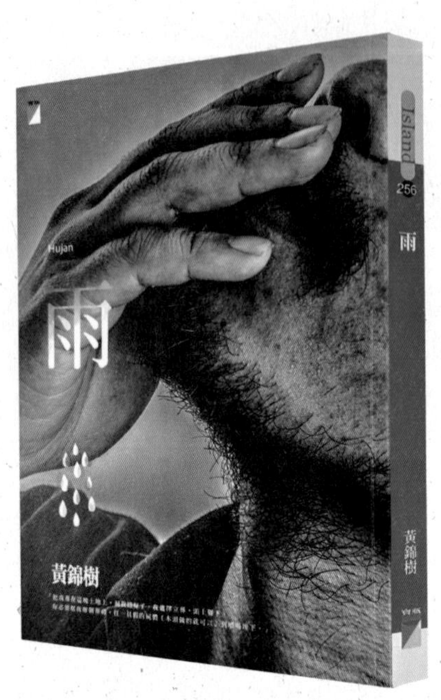


雨
黃錦樹・著
寶瓶文化公司
2016年5月

安德森書寫俄亥俄州小鎮故事的《酒鎮春秋》（*Winesburg, Ohio*）收入二十四篇敍事，一篇序曲。小鎮多「畸人」，畸人故事多，各篇故事由小說中人喬治串連，組成一部「長篇」，敍述鎮上眾人的畸零人生；這些畸人的人生多艱難，小說家只能一課一課上著小說課程。黃錦樹的《雨》正是一部「雨鎮春秋」，書寫一座南方的華人小鎮、園坵或膠林邊緣的畸人故事與艱難人生，一個叫「辛」的角色（多半是個少年）在多篇小說中重複出現，角色功能不盡相同，卻讓《雨》讀起來像一部「偽長篇」，或「衍生的長篇」──「彷彿穿過林子便是海」。

「彷彿穿過林子便是海」其實是《雨》的第一篇小說題目。小說寫的是「彷彿穿過」那樣的流動：歷史的翻頁、時間的流逝、空間的變易、人物的替換、敍事的進行，彷彿是本書的序曲，預告了發生在那個「落雨的小鎮」的諸篇故事。序曲裡頭的「你」──講故事的人──講在兩個「被歷史遺忘的群體」之間的「自己的故事」的某些時刻，而「雨也一直下著」。

在歷史的另一頁，「消失在歷史暗影中的人重新走了出來，走到陽光下，都是些略顯疲態的老人了」。某個南洋人民共和國的倖存者成為「歸來的人」，「火光映照出他脖子上的疤痕」，他說著歷史傷痕的故事，令聽故事的少女神往，「你」卻看出了「說故事者」敍事中虛構與歷史的摺疊。

在〈歸來〉中，「你」也是從異鄉「歸來的人」，也是「說故事者」。而「你」同樣指出小說中「二舅」說的「故事荒誕不經，不能太當真」。不過，真正的「歸來的人」其實是二舅，他是早夭（被日軍殺死）的辛「歸來」，養父養母把他當成辛來養，因此「你」的母親惟有在二舅死後才再提起辛。

二舅的故事首次出現一艘外公的朋友「從森林沼澤裡撿來的圓滾滾的雕著魚鱗的獨木舟」。後來這艘來歷不明的獨木舟（或魚形舟）模題（motif）再三出現在其他篇什，顯然是本書主要象徵符號。〈彷彿穿過林子便是海〉中的「你」說：「每個路過的華人小鎮都有葬禮」。〈歸來〉即以二舅葬禮收尾。然後，「那年的雨季開始了」。〈老虎，老虎〉以下諸篇多屬於「雨：作品若干號」系列；這組「雨天集」背景多設在一九四〇、五〇年代。

那是太平洋戰爭前後的年代，是二十世紀中國南方庶民飄洋過海，離散馬來亞與新加坡的最後兩個十年。到了五〇年代末，中國人移動海外的管道中斷，航向南洋的慢船不再揚帆。那些年，南來華人及其後裔在這塊熱帶土地落葉生根，他們的生活與存在處境，成為當時馬華文學的關注殆無疑義，但這些文本的文學或美學表現如何，只有到故紙堆中去尋尋覓覓。

生存在一九四〇、五〇年代半島小鎮、園坵深處、或膠林邊緣的中下階層南洋華人，他們的生活處境不會好到哪裡去。戰爭烽火、窮困貧乏、背井離鄉，膠林深處更是馬來亞共產黨人的活動空間。不過，現實主義馬華文學在這方面的「寫實」多膚淺表面，馬共更是禁忌題材。倒是「翻譯馬華」的半卷漢素音（Han Suyin）著《餐風飲露》（*And the Rain My Drink*；李星可譯，新加坡青年書局出版，一九五八）可視為五○年代馬華文學的經典之作，既書寫馬共鬥爭，也刻畫了小鎮新村與膠園百姓在殖民政府的緊急狀態法令下的生活困境，遠較「非翻譯馬華」的馬華小說出色。

黃錦樹的《雨》處理的是一九四○、五○年代馬華小說作者沒處理或沒處理好的題材。那個時代早已過去了。黃錦樹的世代沒有經歷英治日侵（那是父執輩的經驗），那個時代已是「後記憶」（經歷過的父執輩也多過世了），只能自己以「小說課」去再記憶，去想像，去重寫，「把它們寫回來」，像小說中的母親把失去的孩子「生回來」。誠然，否定馬華文學「經典缺席」的最好做法，就是「把它們寫回來」。

於是在這些雨的系列中，〈老虎，老虎〉寫南來蠻荒半島的家庭，隱隱約約的「家庭羅曼史」（「但辛似乎記得他也曾看過祖父那顆白頭埋在伊胸前，貪婪的吮吸」）。〈樹頂〉寫南洋版家變，大雨中出走的父親沒有回來……。〈水窟邊〉中阿土的兒子辛在日侵之前死於井裡。〈拿督公〉則寫辛一家在日侵時僥倖存活。〈龍舟〉寫外公的祕密（「辛記得很小時，有一回母親餵他母乳，伊另一邊奶上卻是外公的頭占據著……」）。〈沙〉中的阿土與根嫂在雨夜相濡以沫（還有什麼比「土」與「根」更本土性？）。〈另一邊〉不是母親的另一邊奶，而是馬共抗日軍，他們來過後只剩下相依為命的小兄妹。還有在或不在雨系列的〈W〉中馬來男子阿里對華人女子阿蘭始亂終棄，〈雄雉與狗〉寫母親葬禮後的記憶，〈土糜胜〉寫阿土之死……都是一堆南洋華人離亂故事的疊影，人物、故事相互置換重複。

黃錦樹最近有篇寫賴香吟的近作《文青之死》的書評（《中國時報．開卷》二〇一六年七月五日），文末寫道：「人生實難。／最最艱難的人生課，往往也是最最困難的小說課。」此言甚是。小說課的詩學美學，碰到最最艱難的人生課，考驗的不僅是小說技藝是否嫻熟，更是生命體驗與智慧。《雨》中的〈小說課〉，其實也是小說集的總結，裡頭諸多後設批評，也是作者的反思。

〈南方小鎮〉乃作者自註。「南方小鎮」是華人離散族裔歸土，是南洋，是僑鄉，是故鄉，更是異鄉。黃錦樹離馬三十年，南方那落雨的小鎮，已像是水盆裡的「一個顛倒的世界」，成為他留臺的「三十年夢」的倒影了，或借用陳大為的書名，已是「盡是魅影的城國」了。

原刊《文訊》三六八期（二〇一六年六月）

張錦忠（一九五六～），臺灣大學外文系英美文學博士。現任中山大學外文系退休教師兼約聘研究員。研究領域以離散論述、現代主義、翻譯研究、東南亞英文與華文文學為主。

# 「同異」反覆的場域

## 讀紀大偉《同志文學史——台灣的發明》

◆朱嘉漢

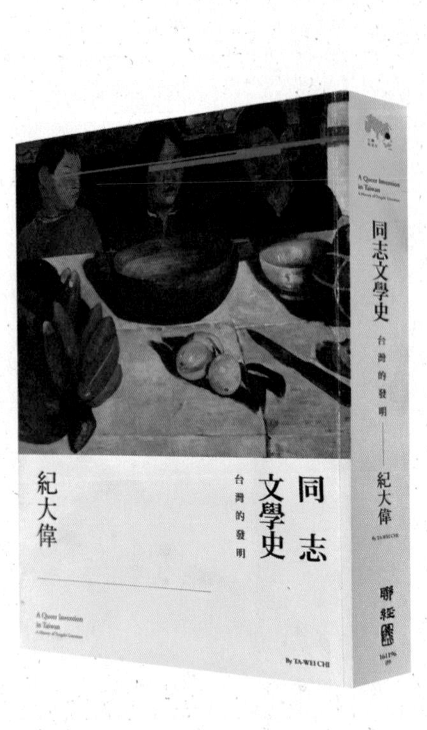


同志文學史——台灣的發明
紀大偉・著
聯經出版公司
2017年2月

或許，在試圖與《同志文學史》互相拆解、檢視「臺灣的發明」這問題時，仍會不自主地被另外一個主張所吸引：「『同志文學』不只是一種『文類』（genre），而更是一種『領域』（field）」。我們熟悉波赫士如何談論分類：任何一種想完美又無所不包的分類意圖，最後終將朝向一種自我矛盾的、阻斷思考（如此完全違反一開始的目的）的尷尬狀態，一如日後令傅柯崩潰大笑的中國百科全書。相對「文類」的排除式思維（藉由界定「屬於／不屬於」來確認疆界），「領域」反倒不如字面上看到的，它未必在乎本身的領地大小：「領域」更像是一個可能性空間，收納起原來可能互斥的、光與影般的不同元素，以此一再得以探問自身的可能性。

如同巴特所言：「真正的批評是將自身也納入批評的批評」，一本「同志文學史」的書寫必然不自外於這一再提及的「領域」。一部史的書寫該包括自身，用你寫史的方式將自身歸入，所以所有的歷史必然是當代史。譬如本書的主張「臺灣的發明」提出後，馬上滅火說道：「臺灣並沒有壟斷同志文學史這個發明」，即是一開始告誡（甚至篩選）讀者，這裡，沒有任何意義是可以被壟斷、收編的。「史」永遠涉及的敍事，或說敍事的策略，至關重要。

這本書也有趣在這，它的意義豐饒之處，不僅在「內容」（畢竟「名單」可以無止境添加），而在其生產性。「領域」當然是可能性空間，然而單是這樣並不足以支撐一部「史」，而是更為主動的、像獵人能動用起所有感官，追蹤起閃現躲藏的獵物般的機制。儘管他將傅柯的作品合理地翻譯成《性機制史（*Histoire de la sexualité*）》，讀完整部作品後，我們知道其中除了文學史外，或是宣稱的「另類文化史」、家庭史、社會史甚至政治史外，如影隨形不斷地彰顯出的，反倒是他揚棄的（常見翻譯的）「性意識史」。換句話說，這種特殊的「性」（請讀者保留這個引號），是在什麼時候被意識到？如何被感知？在怎樣的脈絡並如何進入或沒進入（大眾或特殊的群眾的）意識裡（譬如為何白先勇寫的相對「被意識」到？而玄小佛沒有？）？這樣的意識以怎樣的方式被再現、並被指認、甚至符碼化？

或許可以視為這是一種「心靈史（l'histoire de mentalité）」，不過歸類並非重點，而是如何思考作者的局。「領域」的概念並非布赫迪厄「場域（champ）」的直接挪用（而是有另外的援引源頭）。相對而言，「場域」的特性及其必須一起談論的概念（如實踐、慣習、資本），其實並不適合談論「史」：以社會學家自己的分析為例，所有在場域發生的事件或意外（譬如前衛文學對場域規則的顛覆與挑戰與保守派的壓制抵抗），最終仍會收攏在一個場域本身自有的結構中，使場域的存在更為確立（場域的存在也就是一個相對自主性的遊戲規則的存在）；而這般以「場域」概念寫下的文學史所昭示的，莫過於一種宰制結構如何煉成。

在這本書裡，作者必然不採取這種態度。矛盾的是，正是一種更為自由並開放的「史」的需求，「領域」必須是先驗的，在全書許多證與反證中，彷彿存在得如此不證自明——相對布氏研究文本是為了證明「場域」的存在（以其生成學證明），「領域」則沒有存在與否的困擾。「領域」若是「理論問題」，不妨記得，理論涉及的不是某種想像虛妄的困題，而是一種特殊形式的實踐，在這個「特殊形式（也就是該理論中）」的「再認識」（阿圖塞語）。

問題：「領域」存在，在此我們能「再認識」什麼？關於此，我們得先回答「領域」裡「可能有什麼」，才能窺看「有什麼可能」？作為一般讀者，我們可以清楚看到作者強調「閱讀行為」的一面（但未必要「作者已死」）。譬如早期報章的「同性戀」字詞使用與潛在閱讀群眾的關係，或是本書中直陳的「讓『讀者』感覺到同性戀的文學」，皆賦予讀者的能動性（agency）積極意義；一種由下而上的、同志文學的「公眾史」，才是「臺灣的發明」的具體意義生產處。「同性戀創作主體（作為同志的作者）」、「文學中的同性戀主體（尤以自白形式出現的）」不盡然是最能挑起此感知者；相反的，諸多被忽略的文本中的「心內彈琵琶」情景，在「領域」裡得以顯見。至此，我們隱約感到其意圖：在「領域」裡，能意識到的，終究是意識本身——甚至不僅是關於同志的性意識，而是更全面的、真實的性意識。因此，「領域」中要「再認識」，也就是認識本身。

在這本書裡，與其說作者展現寫作者的才能，他其實展現更多的是作為一個好讀者的能力。他「在領域」裡樂於扮演好一個讀者角色，以一個「意識史」的書寫喚起特殊的讀者意識：能更加意識到此意識、探索此意識的讀者們。如此也才能將一個「史」，真正地還給公眾與其生產。

為了證明「場域」必須彆扭地維持其（結構）連續性，「領域」則無此義務。我們可以一再重新啟動，在每一次觀看「領域」時，把諸多的可能置放於目光之下，並重新定義。也因為如此，他在面對線性的史，可以不感到尷尬。歷史的分期，亦有利地成為一個個聚焦的非線性史觀的有趣專題。

最終，透過一種「意識」閱讀一種「意識」（兩個可能相同或不同），異中求同（如指出共享的某些歷史脈絡），也同中求異（指出歸在或排除在此文類之中的各種面貌）——這個「同」「異」，當然也可作為性機制解。於是，不管是「場域」或「領域」，本身就含有的「遊戲場」、「格鬥場」的積極意義。非「是」與非「非」之外，還有很多可能。

作者的邀請極有誠意，因為他已以身示範如何成為有意識的讀者，而且就在「領域」裡。有了讀者，「同志文學史」，也才會在讀者那裡，一直以來，與一直以後的可能地生產下去。

原刊《文訊》三七八期（二〇一七年四月）

朱嘉漢（一九八三～），曾就讀法國高等社會科學院社會學博士班。現為臺北藝術大學兼任講師。創作文類以小說為主。

# 冷戰、流亡與香港

## 評陳建忠《島嶼風聲——冷戰氛圍下的臺灣文學及其外》

◆王梅香

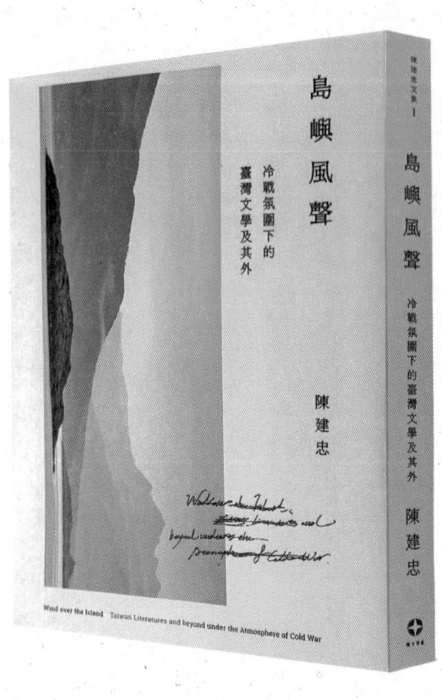


島嶼風聲
——冷戰氛圍下的臺灣文學及其外
陳建忠・著
南十字星文化工作室
2018年8月

關於戰後臺灣文學的研究方法，除了既有文學社會學對於文學作品內部分析與外部分析的闡釋與論述，或文學研究者借助各種社會科學的理論，探究作品的內部與外部之間的關係，究竟我們應該如何思考戰後臺灣文學史及其相關議題？陳建忠《島嶼風聲——冷戰氛圍下的臺灣文學及其外》一書，從「比較研究」與「文化冷戰」的視角，區分「流亡書寫」、「香港文學」與「冷戰下的臺灣文學」三個面向，重新省視戰後臺灣文學史書寫的相關議題。該書是陳建忠二〇一〇年之後學術論述與書寫重心的集結，更是將臺灣文學研究置入全球脈絡、區域研究（area studies）的範疇，進行跨學科、跨地域比較研究的成果。

首先，從「流亡書寫」談起。在該書中，有三篇文章與「流亡文學」（Exile Literature）有關，分別是〈一九五〇臺港南來作家的流亡書寫〉（二〇一〇）、〈「流亡」在上海〉（二〇一二）和〈流亡在香港〉（二〇一一）。陳建忠的流亡書寫，其實挑戰既有臺灣文學史中對於「反共文學」的認知，也增進對臺港流亡文學比較研究的理解。他的重要論點有：一、流亡文學實為「移民文學」的先聲，流亡文學中逐漸透露出的移民意識，應當成為臺灣文學史中一個詮釋關鍵的可能性（陳建忠，二〇一八：一一〇）。二、以創作者的精神樣貌作為切入點：陳建忠有別於從國家機器控制（國民黨文藝體制／國策文學）角度解讀反共文學，或既有對於反共文學內容（反共懷鄉卻不涉本土的場景）、人物的理解方式（刻板的共產黨員形象塑造），他以創作者作為主體的「流亡書寫」為切入點，進一步理解敘事者如何透過文字重塑自身過去的經驗，從敘事者的創傷、精神層面和生存心態，重新理解戰後反共文學，企圖開展理解戰後反共文學的另一觀點，更可以理解行動者如何從「難民」、「移民」到「住民」的過程。三、流亡書寫蘊含某種「在地性」：「五〇年代的流亡文學中，這些具有身處臺灣之現實意識的作品，其實也不妨視為臺灣鄉土文學的一種『另類』源頭。」（陳建忠，二〇一八：一二九～一三〇）他認為，流亡書寫在書寫過程中強調土地經驗，其實隱然表現流亡者對於在地的思考。四、陳建忠將流亡書寫置入美蘇對立的冷戰架構下思考，提出「東亞流亡文學」的說法，試圖比較流亡香港的作家在冷戰文學場域中的行動，如張愛玲由島至島的「境內流亡」（domestic exile），以及從香港到美國的海外流亡（overseas exile），他認為流亡書寫已不能用既有的國族敘事框架來理解，更牽涉到流亡者的生存心態、心靈創傷。透過對於張愛玲流亡書寫的探討，陳建忠不僅勾繪共產文藝體制／美援文藝體制對於作家的限制，更重要的是，他指出在文學體制和文學生產下，行動者如何透過寫作尋得安身立命的真摯，從行動者的書寫和精神樣貌回應既有臺港反共文學的論題。

其次，陳建忠對於香港文學的關注，仍是放在「冷戰」、「流亡書寫」和「臺港跨地域交流」的認知框架下理解。〈在浪遊中回歸〉（二〇一三）描述冷戰與戒嚴體制下的臺港文壇互動，他透過香港作家也斯於一九七〇年代投稿臺灣刊物，並在臺灣出版近十本著作，以及於一九七六年八月初遊臺，並於其後撰寫環臺遊記《新果自然來》，藉由這些活動探討臺港文學場域作家們的互動，以及香港作家對於「本土」的思維，這篇論文將目前著重於一九五〇、一九六〇年代的臺港文壇的交流延伸到一九七〇年代，以及從臺灣一九七〇年代對於鄉土的思考，反思香港本土意識的崛起。他認為，早在香港本土意識受到大量關注之前，一九五〇年代初期，香港前輩作家舒巷城等人，已經透過作品宣告香港本土意識的誕生。於是在〈冷戰迷霧中的「鄉土」〉（二〇一四）一文中，探究在冷戰氛圍、港英統治下的香港，除了延續他對於冷戰下臺港文學交流的關注，更直接以舒巷城作為觀察對象，探討香港本土作家如何在國際冷戰的氛圍中發展「香港本土」。

最後，該書歸結到「冷戰下的臺灣文學」，在考慮流亡書寫與香港文學的過程，陳建忠用以理解臺港文學經驗的複雜性，可以收束在一個更大的框架底下，便是他於二〇一二年具體提出的「美援文藝體制」概念。在〈「美新處」（USIS）與臺灣文學史重寫〉（二〇一二）一文中，他重新思考美援文化、美國新聞處在一九五〇至一九七〇年代臺灣文學史中的位置。相較於過往臺灣文學史對於美援文化與現代主義關係的論述，陳映真從「美國文化帝國主義」進行批判（許南村，一九六七），邱貴芬認為現代派小說作為文學現象，必須納入以美國為首的冷戰結構來理解（邱貴芬，二〇〇七），而陳芳明則認為「現代主義與美援文化的掛勾，必須在一九五〇年代之後才看得清楚」（陳芳明，二〇一一）。陳建忠則將美援文化「體制化」，指出其運作的組織性和結構化，不論是美國大使館、美國新聞處、亞洲基金會（非政府組織）或愛荷華寫作班，或是美援刊物的文化生產，確立「美援文藝體制」的觀點，在戰後國民黨文藝體制（剛性體制）之外，提出冷戰架構下的美援文藝體制（柔性體制）概念，嘗試建構臺灣文學史的新架構。進一步指出臺灣戰後現代主義文學論述的傳統，不論是全盤西化說、抵抗反共說、自由主義論或純粹美學說，前述觀點都無法完全理解現代主義在臺灣文學的生產歷程，陳建忠提出美援文藝體制的論述，提供讀者思考現代主義美學典律（純粹美學、非政治性）的另一思考路徑。

〈「區域研究」視野下的文學研究〉與〈冷戰與戒嚴體制下的美學品味〉這兩篇同樣發表於二〇一四年的論文，可視為陳建忠對於戰後臺灣文學批評建立與文學品味形塑的論述。前者以冷戰時期夏濟安和夏志清的魯迅論述為主，探討夏氏兄弟身為「文學仲介」，一方面接受美援文藝體制提供的學術資源（例如赴美進修），一方面利用該資源，在美國進行中國現代文學研究。該文更重要的意義在於指出，夏氏兄弟的學術生產便是冷戰時期學術政治——「區域研究」的一環。後者以吳魯芹的散文及其典律化為探討的對象，重新思考臺灣散文史美學典律的建構，尤其是既有文學史中未能區辨男性散文和女性散文在美學風格樣貌上的差異性，陳建忠的論述最終仍在回應兩個層次的問題：一是作家自身的品味如何可能，以及戰後臺灣文學批評的美學典律如何建立的議題。

放入文化冷戰中定位陳建忠對於美援文化的研究，相對於鄭樹森、黃繼持、盧瑋鑾（二〇〇〇）、趙綺娜（二〇〇一）和單德興（二〇〇九）等研究者，陳建忠更大的企圖是將過往美援文藝體制下的「幽靈作家和作品」寫入文學史中，亦即不被香港和臺灣文學史接受的冷戰作品，將冷戰、美援文化等因素寫進臺灣文學史中。檢視香港文學史中對於「綠背文化」（美元文化）的作品或作家，多半認為這些作品大多在海外被閱讀（尤其是臺灣），所以，綠背作品不須寫進香港文學史中（鄭樹森、黃繼持、盧瑋鑾，二〇〇〇）。然而，陳建忠的貢獻即在於此，這背後也反映出他對於「臺灣文學史」的想像，以及對於香港文學史的思考。他認為將臺灣文學置入東亞文學與文化的發展脈絡中，重新思考何謂臺灣文學史，這背後更深遠的意涵是臺灣正如同其他東亞國家，在戰後的冷戰結構底下發展臺灣文學，其實和東亞各國的冷戰下的文學發展具有某些類似性（例如現代主義文學思潮），陳建忠的研究也為戰後臺灣文學與東亞各國的「比較研究」、「東亞整合研究」開啟相當重要的思考。

參考資料：

·邱貴芬，二〇〇七，〈翻譯驅力下的臺灣文學生產〉，《臺灣小說史論》，臺北：麥田出版。
·單德興，二〇〇九，〈冷戰時代的美國文學中譯——今日世界之文學翻譯與文化政治〉，《翻譯與脈絡》，臺北：書林出版公司。
·陳芳明，二〇一一，《台灣新文學史》，臺北：聯經出版公司。
·陳建忠，二〇一〇，〈流亡者的歷史見證與自我救贖——由「歷史文學」與「流亡文學」的角度重讀臺灣反共小說〉，《文史臺灣學報》第二期。
·許南村（陳映真），一九六七，〈現代主義底再開發——演出「等待果陀」底隨想〉，《知識人的偏執》，臺北：遠行出版社。
·鄭樹森、黃繼持、盧瑋鑾，二〇〇〇，《香港新文學年表》，香港：天地圖書公司。
·趙綺娜，二〇〇一，〈美國政府在臺的教育與文化交流活動（一九五一～一九七〇）〉，《歐美研究》卅一：一。

原刊《文訊》三九五期（二〇一八年九月）

王梅香，清華大學社會學博士。現任中山大學社會學系副教授。研究領域以文學社會學、藝術社會學、東亞文化冷戰研究、海外華人文學與文化為主。

# 眾生連環圖，萬物浮世繪

## 讀許赫《郵政櫃台的秋天》

◆李長青

郵政櫃台的秋天
許赫・著
斑馬線文庫公司
2018年12月

關於「告別好詩」，許赫曾以這段話明志：「詩也可以有聖俗之分，有追求藝術價值的詩，就是現在說的：一首好詩，一首文學價值很高的詩。那麼也可以有普通的詩，寫給親朋好友看的詩，寫來表達今天發生什麼鳥事的詩，這些應該也要是詩，而非『分行的文字』。」換句話說，許赫「告別好詩」，就是要告別那些過於講究象徵、技巧的詩，告別那些總愛隔空位移的文字煙花與意象魔術，告別那些菁英式的語調與措詞，而選擇採取一種直面生活的真實觀點，以簡易、短小、直說的詩行，道出他「想說」、認為「值得說」的事。

許赫如此詩風的初次集大成應是《原來女孩不想嫁給阿北》，我曾在臉書公開推薦這本詩集，我認為臺灣詩壇，甚至世界詩壇都應該重視許赫所主張並且已寫出來的這批詩，它們真的，可以讓人們，活得更真，更誠實，更輕鬆自在。

依此寫作脈絡，繼續告別好詩，繼續做自己的許赫，後來推出《囚徒劇團》，應該算是《原來女孩不想嫁給阿北》的進階版了。《囚徒劇團》的敘事性、故事性、普遍性與生活性都更自然也更無痕了，相同的精神則是：直面生活，直抒胸臆的態度。從二〇一二年底算起，告別好詩的許赫就一直致力於讓詩與生活成為「同一件事」，別讓詩（只）是詩，而生活仍是生活，兩者無關，兩不相顧；這正如沈眠刊載於《聯合報》的書評〈普通的魔術師〉，專談《囚徒劇團》時所說的：「我以為，許赫詩歌有著真誠追問：詩歌到底是不是，能不能，就是生活的本身？」此為最佳註解。

鴻鴻曾對許赫這些告別好詩有所評價：「後來讀他的詩，越被他的現實敏銳度所吸引、被他在困頓人世中的自嘲寬解所感動。他的『告別好詩』也是一種吆喝，召喚大家把注意力從技藝轉向內容，看似叛逆魯莽，實則成竹在胸。許赫自己深諳大巧若拙之道，雖力爭下游，卻得以暢泳江湖。」顯然，許赫告別好詩的發想與實踐，應是成功的。

許赫的詩學主張，以及詩寫實踐，就是在生活裡，在活生生的日子裡，每一天，每個時刻，感覺，感受，感應，感動，感通，感想很多，感時花濺淚，或埋怨，而且是直接埋怨，或諷刺，而且是直接諷刺。於是，臺灣現代詩壇終於迎來了這本《郵政櫃台的秋天》。《郵政櫃台的秋天》除了繼續告別好詩，繼續直觀述說所見所聞所想所慨之外，也更往故事與小說靠攏了，這是《郵政櫃台的秋天》最大的特色。

君不見，《郵政櫃台的秋天》四輯：「街譚」、「巷議」、「神話」與「聽說」，都與「事」相關。事從何來？人也。有人的地方，就有事；好事，歹事，故事，妙事，韻事，軼事，時事，大事小事，家事國事天下事，虛構或真人真事等，都是人所糾集，都是生活即景。

特別的是，無論日常生活中自己的或他人的故事，或田調所採錄的奇聞趣事，甚至是許赫自己幻想的科幻與神話故事，都以一種「煞有介事」又「若無其事」的口吻，娓娓道出，而且是以分行的方式。可以這麼說，《郵政櫃台的秋天》是許赫用詩的形式，寫的小說故事集。

以形式來說，《郵政櫃台的秋天》是詩；從內容來看，《郵政櫃台的秋天》是小說。因此，將《郵政櫃台的秋天》當成詩來讀的話，它是小說詩；把《郵政櫃台的秋天》視為小說的時候，它是詩小說。

讀者可從這冊詩集裡，通透直述的語言，以及一種直面生活的態度，在一組一組簡短的詩行中讀到許赫「想說」、認為「值得說」的各種故事。這種不會讓人產生隔閡的表達策略，採用的依然是告別好詩非菁英式的筆法路數，依然是告別好詩（與讀者）溝通無礙的書寫方式；此外，《郵政櫃台的秋天》四輯內容，無論街譚巷議或神話聽說，也都含括了不少「現實」元素，例如各式人物、角色、職業、食材、料理、動物、生肖、場所、事件等，甚至土地公與法主公，這些現實的題材在許赫筆下各具聲色，各擁表情，各展性格，是一格又一格眾生百姓的連環圖，也是一幅又一幅人神萬物的浮世繪。

原刊《文訊》四〇五期（二〇一九年七月）

李長青（一九七五～），彰化師範大學國文所博士。現為財團法人吳濁流文學獎基金會董事、靜宜大學臺文系兼任助理教授、《台文戰線》同仁。曾獲吳濁流文學獎、聯合報文學獎、教育部文藝創作獎、林榮三文學獎、金典獎、年度詩獎等。創作文類以詩為主。

# 演算的完整與限制

## 評朱宥勳《湖上的鴨子都到哪裡去了》

◆童偉格

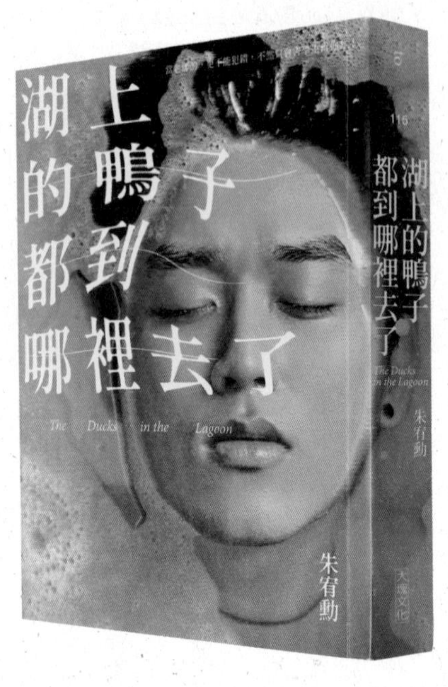


湖上的鴨子都到哪裡去了
朱宥勳・著
大塊文化出版公司
2019年10月

我漫不經心地拿起一本書，坐在桌子前面讀著。那是關於一個叫做荷頓・柯菲爾德的男孩的故事，他被學校開除了，不敢告訴家人，又不想回家，只好到處晃來晃去。這本書我早讀過了，實在算不上什麼了不起的書，可是今天我忽然覺得也許應該找出來看看，於是我就這樣坐在書桌前，津津有味地讀了起來。

——侯文詠《危險心靈》

在個人首部長篇小說《暗影》（二〇一五）中，朱宥勳演繹了一種人物設定與情節布局，皆不容曖昧的小說構作法。這種構作法所成就的，我個人簡稱為「逆行的推理小說」，因為，和總是以最後的「真相大白」，來回饋讀者之閱讀勞動的推理小說相反，這種構作法，執著於臨場直陳角色的思考與抉擇，即時爆破懸疑，從而引導讀者，穿梭過連疊獨語，抵達試圖重啟對話的結局。

我猜想，這種構作法的預設目的論之一，應該是問題，或問題意識的具陳。因為這整個看重虛構配置之完整性的封閉演算過程，所嘗試對話的，正是虛構自身，用以濃縮取材的同一現實場域。呈現臺灣職棒假球案之癥狀結構的《暗影》如是，《湖上的鴨子都到哪裡去了》（二〇一九）這部朱宥勳新作，其實亦如是：以「現在，還沒準備好的，就只剩下外面的世界了」這一終句，小說隔斷虛構，留置讀者，再思業經小說明白問題化為偽善因循的臺灣國教體制實況。就此而言，新作《湖鴨》，可說是將《暗影》已示之封閉演算法，再更閉鎖地演示一次——在此，絕大多數臨場直陳之細節，也許目的無二，僅是為了集中布置情節的結構性應述。

《湖鴨》情節，可簡單分成兩個單元。第一單元描述實習教師何博思，在林尾高中，為就近保護而「收」了四位學生，並組成公差團；第二單元，則描述這些學生，反過來保護了何博思，幫助他，做出符合正義的決斷。以此二元結構，小說全場織入國教體制的虛矯言行：它既是何博思被當實習學分、轉進林尾，組成團隊之因，也觸發團隊摩擦復和解；最後，且也是這重新和解了的團隊，齊力對抗的敵方。它是線索，背景，轉折機制，與小說最後，那曾受其輾壓之人，終於同心破解的障礙。更簡單說：它是《湖鴨》的一切。

與這般集中相比，鍾肇政的《魯冰花》（一九六一），這部亦顯現臺灣教育體制問題的小說，好像都顯得走筆太過散漫了。起碼，《魯冰花》主角，美術系大學生暨偏鄉小學代課教師郭雲天，花了不少篇幅，去和林老師談感情；而從小說開篇，郭雲天初遇古阿明的茶園起，鍾肇政以更多篇幅，來摹寫校園以外，古阿明的生活。然而，正因如此走筆，使小說裡的教育體制指涉社會體制，對郭雲天，提出了確實獨力難解的困局。吳念真編劇的電影版《魯冰花》（一九八九）強化的，正是上述指涉性；電影版後半，且也就此指涉反向聚焦，彌補小說原著，對古阿明之死的飄忽處理，而以層層庸常體制，夭折罕見天才的具體不義，通俗地，刺痛觀影之人。

由此觀察，則可能，《湖鴨》這部幾乎只有校園、沒有「外面世界」的小說，既明快地，建構了一項著毋庸議、絕對正義的行動，也帶出了更多頗值斟酌的空缺。因如我們已知：《湖鴨》的二元結構能否成立，關鍵，在主角何博思的思維轉折——他如何從忍耐周旋，到為所當為。於是，作者就細節描述審酌的，可說是「傷害控管」，即一切體制內傷害，必須首先弱化、一體控制在令主角不適，但不到無法忍受的程度裡。大概因此，小說中遭輔導主任性侵的學生GK，仍留原校就讀的景況無可述及，僅恍惚旁敲成BBS上，主角的「夢見」；公差團成員中，寧寧慣性割腕的因由遭遮障，而阿翔告密、導致學長退出訓導隊的可能後效，也被略筆輕描了。

另一個小細節則是：就設定而言，有學習障礙的發哥，在入學之初，究竟是為何被分配到鄭老師治下，「待會兒要擔任餞別隊的升學班」？小說也欠缺合理說明。無論如何，在小說中，所有類此被摘去存在景深的角色，集結於何博思身邊，共同以其扁平化傷痛，裨益主角完成決斷。此所以，寧寧的傷覆核GK的傷，和遭報復者痛打一頓後，阿翔的泣然頓悟相仿：他們心中，竟都被滌洗得只剩簡化一念，即要合體救助何博思。就此而言，《湖鴨》恰成《魯冰花》的反例：他者處境的廣袤難明，具實了郭雲天的困局；但何博思的躊躇，卻得藉由限縮他者處境來佐證。或者，也可以說，何博思就是何博思自己的反證：這位在小說設定中，最見歷他者處境的關懷者，很奇妙地，卻是小說構作法自身，所創造的最結構性中二之人。

作者為了這位結構性中二，所布防之最大規模的細節控管，自然是小說中，關於那場造成「三十多人死亡、一百多人輕重傷」之禮堂倒塌事件的描述。就小說構作而言，這個事件有其「三位一體」般的重要性，因這場人禍，既具象總結了小說中，因循體制能為的最大惡果，也促使校方提案，要主角獨承此「無心之過」，以換取永久教職；後續，這提案也就導致主角心理矛盾，與最後決斷。因為結構必需，於是，也就有了將這場人禍描述，淡化得像是為主角一人而設的必要性。這很困難。主要因為一場集體災難，有其複雜的社會沾黏性，但所有超乎學校體制規格的沾黏，顯然，也都不是《湖鴨》構造所能裝載的。

以發生在一九八三年，造成廿六人死亡的豐原高中禮堂屋頂倒塌案為例，我們已知，自那災厄現場起，是更大範圍、與更漫長時間的哀慟擴散，與各方層級動盪。這現實必然、卻被小說簡單限縮的擴散效應，也許，足令虛構設想中，校方提案顯得過於天真，何博思的竟然認真矛盾確乎不智（雖然他糾結的，正是郭雲天式的糾結：能否留校任教，繼續保護學生），而公差團唯對主角一人熱血的反應與行動，也實在是對此外他者，都堪稱麻木了。

無論如何，《湖鴨》如此完整自身構作，少有贅筆，只見空缺，適合召喚本就無疑的義憤。有趣的是，本書以整部小說裡，一個罕見的多餘細節來命名，也許呈現了對構作自身的反諷：「外界」還是要緊的。亦是這般命名，使我想起侯文詠的《危險心靈》（二〇〇三），這部就我看來，比《魯冰花》更集中、更繁複地演繹臺灣國教體制問題的小說，也應是一個更符合當代語境、更值得臨摹的文本。我記得，在撼動連串「都很平庸」的體制之後，小說裡，占住絕對正義之發言位置的主角，表達了自己的恐懼。「我怕萬一我相信的事情是錯的。」他這麼說。作為讀者，很久以後我發現，原來這表述一點都不通俗。正好相反：它以難得的自我否證，為小說擴充了思辨容量。

原刊《文訊》四一二期（二〇二〇年二月）

童偉格（一九七七～），臺北藝術大學戲劇碩士。現任臺北藝術大學戲劇學系講師。曾獲臺灣文學獎圖書類長篇小說金典獎、聯合報文學獎、臺北文學獎等。創作文類以小說為主。

# 「我」的零度分離

## 伊格言《零度分離》的終極浪漫

◆蔣亞妮

零度分離
伊格言・著
麥田出版
2021年5月

「說話對人類重要嗎？愛或親密，對人類重要嗎？」這是伊格言最新小說《零度分離》第一章〈再說一次我愛你〉裡頭，鯨豚生物學家Shepresa在二二四六年宣稱破解了虎鯨的語言後，對人類發動的提問。Shepresa當然並不存在於目前已知的時間軸線與世界之內，然而未來呢？《零度分離》是一本從二〇二二年開始，以非線性記述的一部「非虛構寫作計畫」（那一年，小說中的宗教團體「地球覺知」成立於北達科它州Fargo小城）。這六篇非虛構文章，加上「書前聲明」、「代序」與「附錄：對談」，串連成一部有機的虛構長篇小說。一如這本小說「真正的序」裡，學者王德威所分析，伊格言以這些篇章設計、後設拼貼的寫作技巧，引導讀者一起從後現代小說的討論，進到後人類作家的思考。然而，請容我在此處照樣造句：「思考對人類重要嗎？」當未來，非人類或後人類也開始思考，思考或許已不再專屬於人類。

《零度分離》有別於當代許多科幻為體的小說，它不辯證「誰」更像人類、「誰」更有智慧，那些「反人類」與「反反人類」、「後人類」與「非人類」的名詞，不過是小說不斷位移的座標，如環景鏡頭一般三六〇度的攝錄下「人類」一詞，以及所有可能。廣義的人類，成了與孤寂環生的「產物」，而小說專注在思考上。小說裡頭的近未來，無論是探討AI自生意識與人造夢境的機制（如〈夢境播放器AI反人類叛變事件〉、〈二階堂雅紀虛擬偶像詐騙事件〉）、信仰的核心究竟屬人還是神的意識創造

（如〈霧中燈火〉），或是類神經生物的娛樂化與道德思考（如〈再說一次我愛你〉、〈來自夢中的暗殺者〉、〈餘生〉）。它們互相涵攝也彼此獨立，每種主題皆如光譜兩端，無分對錯好壞。如同故事內藏的思考，當奇點屆臨，跨物種開始通訊時，我們在超越夢的解析與精神分析的心靈維度後，「不再信仰」，會不會也成為一種信仰？

零度分離，就是超譯與不合理的總和。相對於人們熟知的「六度分離圖像理論」，人與熟識者之間，再親近亦是一度分離。而伊格言卻寫著：「零度分離。即生即滅，量子泡沫般的短暫交會。在那一瞬刻，我們既是單一個體又絕非單一個體；於是每一次的對視都堪稱一次難以重現的奇遇。」這大約很靠近一種「量子纏結」（quantum entanglement），或是如愛因斯坦也曾誤解的「遠距鬼魅效應」（spooky action at a distance），藉小說的世界觀（或者說是作者伊格言的宇宙觀）來看，「同時」與「等量」俱不存在，一如他寫：「事實上，等量的痛苦從未真實存在，因為對任一相異個體而言，痛苦與快樂必然是客製化的。個體們終究擁有彼此相異的，無法與他人共用的感官強度與個人體驗。」

伊格言的語言是藉由未知去觸碰已知的極限，比如以夢境或神話觸及文明與意識。像是從六度分離到一度分離間，帶領讀者跨越零度：「如若我們將精神控制、原型，甚或神跡考慮在內，那麼個體與個體之間的常規分隔，依舊是一度嗎？抑或該是零度，零點五度？又或者，類似〈夢境播放器AI反人類叛變事件〉中，那千千萬萬彼此相連的夢境播放器Phantom，又算是幾度呢？」

零度何曾存在，就像各種倫理被放進了稍微拉闊一點的時空後，也將不再。討論《零度分離》時，除了科幻性之外，它跨越各種倫理的奇心異趣也足以一觀。像是在近代電影、小說中，經常提及以撒・艾西莫夫（Isaac Asimov）創立的「機器人三法則」原型（機器人不得傷害人類；機器人必須服從人類命令；不違背第一或第二法則之下，機器人可以保護自己），《零度分離》也有它通行世界的「反反人類法」，為AI世代的人類杜絕他者的反人類行為。小說更探討了生物倫理（當人被植入了虎鯨的類神經生物）、情感倫理（永恆的愛與落空），最迷人處，是它甚至發動了對寫作倫理的挑戰，在這個當代經常引起筆戰的「虛構」與「非虛構」界線裡，伊格言選擇了一個他將小說語言化作夾敍夾議時，最好的位置——「一個不是主角的『我』」，第一人稱單數我的Adelia Seyfried，她穿梭於兩百多年的故事與人物中，以介入的旁觀之姿，側寫六段故事。

於是，Adelia Seyfried身為作者，也被不合常理的生命歲數，質疑了她寫作的真實倫理；而書外書的作者伊格言，則更加善用一切虛實事物，比如以實對寫出虛。小說中，二〇三九年「地球覺知」的審判日大屠殺，與一九七八年真實發生的「人民聖殿」

瓊斯鎮大屠殺事件，魔幻疊合。或是將新聞事件與神話傳說相加相乘，讓小說之影深沉如寓言與預言，影響小說人物鯨豚生物學家Shepresa的一則Richard Russell駕機自亡新聞，便確實發生在二〇一八年，從強虛構到非虛構，都成為了小說家的工具。就如同小說中反覆思考的文學、倫理，再擴展到整個文明面貌，此時此刻、彼時彼端，所有的文明，誰說不是霧中風景？那個寫出書中書《零度分離》，名為Adelia Seyfried的「我」，與這本《零度分離》的作者伊格言之「我」，他們又處在幾度的分離中？

長長的時間刻度（雖然時間也未必真實存在），人類自以為的文明，或許還不及一個最小單位。每一個跨越的方式，每一步科學的進程，每一個小說家的野心都是純粹卻不單純的存有，伊格言以科幻抒情、以小說成詩，如同在超越信仰、明白創生無物後，依然許願，儘管如今「時勢鉅變，大陸漂移」，不知書中或書外的「我」卻開口了：「我曾有，且僅有一個願望，一個曾遙不可及的夢想——我願令人類脫離於神意之外，離棄神，且終將於神意之外造史。我願我正確無誤。」一向虛空發動的願望，是此去無回的終極浪漫。

終極處更有，把一生活成餘生。如果說姜峰楠的名著《妳一生的預言》是宿命論的終極浪漫。《零度分離》，便是伊格言版本「你餘生的故事」。愛後、傷後、識後，所有其後，都是餘生。伊格言抒情得無可救藥，藉Adelia Seyfried之「我」，他告白著：

「我唯一確知的是，印象中我從未如同此刻感覺我的人生竟如此短暫一如蜉蝣，又何其漫長一如宇宙洪荒。」最後的訊息，他留下更正：不是人生，「而是餘生」。不只生後，自生始，就是餘生了。

原刊《文訊》四二九期（二〇二一年七月）

蔣亞妮（一九八七～），成功大學中文博士候選人。曾獲臺北文學獎、教育部文藝創作獎、文化部年度藝術新秀等。創作文類以散文為主。

# 酷兒失效詩學

## 讀《叛徒馬密可能的回憶錄——簡莉穎劇本集3》

◆鄭芳婷

叛徒馬密可能的回憶錄
——簡莉穎劇本集3
簡莉穎・著
一人出版社
2021年11月

簡莉穎的第三號劇本集出版，此次收錄〈叛徒馬密可能的回憶錄〉、〈新社員：前奏就用來接吻吧〉及〈新社員：番外篇〉，分量堅實。收到實體書本的那一刻，終於必須面對，這兩齣當時曾經讓我在觀眾席泣不成聲、抹著眼淚大笑的精采演出。如今劇本集正式出版，劇作家細膩洗鍊且底蘊深厚的文字終於能提供大眾細讀，實在是一大快事。

這兩齣劇作，彼此雖無直接關係，卻同樣映照簡莉穎十數年間對臺灣性別議題、少數者人權與次文化社群的深刻關懷，其關懷始自社會運動的長期親身參與，以及而後為創作開啟的田野調查計畫。這些日積月累的工夫使其創作未曾淪為從外部窺探、消費或想像的假造世界，反而使來自各領域及社群的觀眾都為之感動與瘋狂，足可見其刻畫描摹之刺心到位。在核心議題之外，這兩齣劇作也在各自的主題之上，揭示里程碑式的創建與革新：〈叛徒馬密可能的回憶錄〉一改過去愛滋相關主題戲劇系譜的感傷傳統，不再執著於愛滋病徵的恐怖再現或感染者的悲情哀思，而以紀錄片式後設、甚而疏離的角度反思愛滋作為疾病隱喻的體制問題；〈新社員：前奏就用來接吻吧〉則首見ＢＬ耽美文化與男同志認同議題的交叉，藉由動漫、音樂劇與獨立樂團等元素，促成當代藝文混種結構的創新模式，其周邊商品及同人誌的熱賣與發展也締造臺灣戲劇產業的市場紀錄，揭示臺灣當代酷兒劇場的潛力與願景。劇本集所收錄之〈新社員：番外篇〉，更見證了當時演出過後久久不散的粉絲熱潮，足使劇組得力推出後續之作。

第三號劇本集在此刻出版，亦有其時間上的關鍵性。二〇一九年末新冠肺炎疫情爆起，隨即蔓延全球，臺灣在此世界瘟疫的網絡中曾經因良好的防疫策略而暫得一方安全。當國外民眾失業搶糧確診人數飆升之際，島上反而國富民樂、股市日日漲停。直至二〇二一年中風雲變色，人們才終於體認，世上沒有哪一種隔離方法能保證永遠安全，原子式的個人主義終究會破孔，每一個人之所以為人，都無法獨立於與他人的關係之外。在這段期間，各方產業幾家歡樂幾家愁，電商大發利市、服務業卻生意衰退、幾乎難以生存。劇場界更因防疫關係，排練不成、演出更是場場取消，自由接案的藝文工作者人人自危，即便是幾波紓困，也難以即刻救起被疫情打擊的市場。在臺灣，劇本本是小眾市場，然而簡莉穎的第三號劇本集，夾帶著當時演出所橫掃的熱潮記憶，卻具備撬開小眾市場的潛力。而兩齣劇作所演繹的跨域、跨界美學調度，也指向當代社會各種保護膜、防護層、乃至於所有隔離層級與疆界的失效。

所謂的失效，究竟是什麼呢？

薩拉・阿赫美（Sara Ahmed）在《有什麼用？用處的效用》（*What's the Use?: On the Uses of Use*）一書中，置疑近代功利主義將「用處」視為優先考慮因素的意識形態，更由此指出其所導向的不公不義、殘酷迫害的體制。她由此提出「酷兒之用」

（queer use），以強調用處不該預設標準，且應指向開放、彈性、叛逆甚至錯誤的海納性。（註一）阿赫美的「酷兒之用」，或可說是一種失效的詩學，即我們如何在已然不確定、不安穩、無法預測且無法掌控的當代社會中，與失效共處，甚至轉向借力於各種失效。〈叛徒馬密可能的回憶錄〉與〈新社員：前奏就用來接吻吧〉正是此種失效詩學的體現。

在〈叛徒馬密可能的回憶錄〉中，年輕女子均凡懷抱著對叔叔阿凱的前男友馬密的特殊情感，展開一系列的訪談與紀錄片拍攝計畫，試圖揭開馬密與甘口在十多年前所成立ＨＩＶ互助會「甘馬之家」的解散原因。受訪對象們所述說的故事版本各不相同，顯得均凡握有的馬密日記疑點重重，真相難以大白，紀錄片拍攝更是陷入膠著。隨著故事發展，「甘馬之家」的解散之因終於揭開：當年正是馬密密報警方，才使得社群瓦解。馬密長期為感染者人權奮戰，因此致力於維持模範形象，然而甘口卻全然反向操作、縱慾之下毒趴與無套不斷，終於使得互助會從內部坍塌，原先眾志成城的社會運動瞬間異質化，甚至自行悖離。（註二）從矢志到背叛，帶有革命意味的ＨＩＶ社群猶如星球生命，燃燒殆盡後，最終以黑洞形式自我吞噬。均凡的紀錄片計畫並非揭開感傷萬分的疾病記憶，反而是藉由記憶之難以真實，顯現抗爭政治的悖論。在過去，與愛滋相關的戲劇作品泰半著力於病徵的戲劇化呈現，並以此來求取感染者應有的權益，卻少有對於Ｈ

ＩＶ社會運動的反思，本劇卻不僅點出既有體制與慣習風俗的失效，更進一步地聚焦了社群建構與運動本身可能的失效，由此揭開了當代社會酷兒生存所必要具備的自反性。

與冷靜自持的前劇相比，〈新社員：前奏就用來接吻吧〉則是熱鬧萬分，幾乎痴狂。故事發生在青春洋溢的「原東寺高中」，幾位搖滾音樂研究社的（新）社員學生，即將參與全國熱門音樂大賽，在準備過程中一起經歷一連串愛情與友情交織的體驗；同時之間，學校師長與社團教官，也在情慾認同與婚家體制之間來回拉扯不能自抑。無論從劇情設定、角色塑造上，皆可看出本劇高度融合日本與臺灣流行次文化與歷史脈絡的企圖。充滿日本風味的角色設定，使其文化背景擺盪在日本與臺灣之間難以定義的閾限地帶，模糊化寫實戲劇與風格化演出之間的界線，更進一步象徵了動漫ＢＬ文化與現實實體環境之間的認同游移。源於腐女視角的ＢＬ運作，素來少有男同志視角的參與，因此讀者與創作者的情感投射方向通常呈現重疊狀態。但本劇卻運用社團的一眾青春男孩角色，以及男女性觀眾的多重視角，交錯出繁複多層次的慾望堆疊，擴展作品的解讀向度與輻輳。其中，透過腐女莉莉絲接近全能視角的觀察與主觀想像，劇中所有男性角色都進入了ＢＬ情境，然而這些被主觀單向詮釋的男性角色並非只作為莉莉絲的情慾想像，而是自有其情愛故事的發展。如此，劇中形構出各種僭越於性別正典以外的情慾模式，串聯成複數的抵抗能量，質疑了父權異性戀長期霸占意識形態的社會體制，（註二）

也開啟了BL文化與同志議題之間既有疆／僵界的失效。

所謂的失效，或者正是各種幻化、雜混、交織與茁壯的啟動之力。既然當代社會已進入深科技、資本主義與影子戰爭的不可逆狀態，對於用處的拜物情節不僅難以解決問題，甚至助紂各種暴虐、壓迫與剝削。反而，當原先預設的用處取消，內捲體制開始失效，所有界線出現多向滲透，我們所身處之域，終將走向關係裸化的那一刻。

原刊《文訊》四三六期（二〇二二年二月）

註一：Sara Ahmed, *What's the Use?: On the Uses of Use*. Durham: Duke Univ. Press, 2019.

註二：鄭芳婷：〈當代愛滋社群政略之悖論：《叛徒馬密可能的回憶錄》之戲劇批判戰術〉，《中外文學》四八卷三期，二〇一九年九月。

註三：鄭芳婷：〈當代藝文混種中的受逐者聯盟：以前叛逆男子《新社員》為例〉，「文化流動與知識傳播國際研討會」，二〇一八。

鄭芳婷（一九八五～），加州大學洛杉磯分校劇場表演博士畢業，現為臺灣大學臺灣文學研究所副教授。研究領域以臺灣戲劇、當代文學理論與思潮、酷兒研究為主。

國家圖書館出版品預行編目(CIP)資料

時代之書：《文訊》40本年選書評1983～2022/
李豐楙等著. -- 臺北市：文訊雜誌社出版；[新北
市]：聯合發行股份有限公司發行, 2023.07

面；　公分. -- (文訊叢刊；41)

ISBN 978-986-6102-84-4(平裝)

011.69　　112007816

文訊叢刊 41

# 時代之書

《文訊》40本年選書評1983～2022

| 著者 | 李豐楙等
| 主編 | 鴻　鴻
| 總編輯 | 封德屏
| 責任編輯 | 杜秀卿
| 工作小組 | 安重豪．吳穎萍．吳權暄．游文宓．蘇筱雯
| 美術設計 | 翁　翁．不倒翁視覺創意

| 出版 | 文訊雜誌社
地址：100012臺北市中正區中山南路11號B2
電話：02-23433142　傳眞：02-23946103
電子信箱：wenhsunmag@gmail.com
網址：http://www.wenhsun.com.tw
郵政劃撥：12106756文訊雜誌社

| 印刷 | 松霖彩色印刷有限公司
| 發行 | 聯合發行股份有限公司
| 出版日期 | 2023年7月
| 定價 | 新臺幣320元
| ISBN | 978-986-6102-84-4